René Guénon

Les Principes du
Calcul infinitésimal

ⓞmnia Veritas

René Guénon
(1886-1951)

Les principes du calcul infinitésimal
1946

Publié par
OMNIA VERITAS LTD

www.omnia-veritas.com

AVANT-PROPOS	7
CHAPITRE PREMIER	16
INFINI ET INDÉFINI	16
CHAPITRE II	28
LA CONTRADICTION DU « NOMBRE INFINI »	28
CHAPITRE III	34
LA MULTITUDE INNOMBRABLE	34
CHAPITRE IV	43
LA MESURE DU CONTINU	43
CHAPITRE V	51
QUESTIONS SOULEVÉES PAR LA MÉTHODE INFINITÉSIMALE	51
CHAPITRE VI	57
LES « FICTIONS BIEN FONDÉES »	57
CHAPITRE VII	65
LES « DEGRÉS D'INFINITÉ »	65
CHAPITRE VIII	74
« DIVISION À L'INFINI » OU DIVISIBILITÉ INDÉFINIE	74
CHAPITRE IX	84
INDÉFINIMENT CROISSANT ET INDÉFINIMENT DÉCROISSANT	84
CHAPITRE X	93
INFINI ET CONTINU	93
CHAPITRE XI	99
LA « LOI DE CONTINUITÉ »	99
CHAPITRE XII	107
LA NOTION DE LA LIMITE	107
CHAPITRE XIII	113

CONTINUITÉ ET PASSAGE À LA LIMITE 113

CHAPITRE XIV **119**
    LES « QUANTITÉS ÉVANOUISSANTES » 119

CHAPITRE XV **127**
    ZÉRO N'EST PAS UN NOMBRE 127

CHAPITRE XVI **136**
    LA NOTATION DES NOMBRES NÉGATIFS 136

CHAPITRE XVII **146**
    REPRÉSENTATION DE L'ÉQUILIBRE DES FORCES 146

CHAPITRE XVIII **153**
    QUANTITÉS VARIABLES ET QUANTITÉS FIXES 153

CHAPITRE XIX **158**
    LES DIFFÉRENTIATIONS SUCCESSIVES 158

CHAPITRE XX **163**
    DIFFÉRENTS ORDRES D'INFINITÉ 163

CHAPITRE XXI **171**
    L'INDÉFINI EST INÉPUISABLE ANALYTIQUEMENT 171

CHAPITRE XXII **176**
    CARACTÈRE SYNTHÉTIQUE DE L'INTÉGRATION 176

CHAPITRE XXIII **183**
    LES ARGUMENTS DE ZÉNON D'ÉLÉE 183

CHAPITRE XXIV **189**
    VÉRITABLE CONCEPTION DU PASSAGE À LA LIMITE 189

CONCLUSION **194**

OUVRAGES DE RENÉ GUÉNON **199**

Avant-propos

Bien que la présente étude puisse sembler, à première vue tout au moins, n'avoir qu'un caractère quelque peu « spécial », il nous a paru utile de l'entreprendre pour préciser et expliquer plus complètement certaines notions auxquelles il nous est arrivé de faire appel dans les diverses occasions où nous nous sommes servi du symbolisme mathématique, et cette raison suffirait en somme à la justifier sans qu'il y ait lieu d'y insister davantage. Cependant, nous devons dire qu'il s'y ajoute encore d'autres raisons secondaires, qui concernent surtout ce qu'on pourrait appeler le côté « historique » de la question ; celui-ci, en effet, n'est pas entièrement dépourvu d'intérêt à notre point de vue, en ce sens que toutes les discussions qui se sont élevées au sujet de la nature et de la valeur du calcul infinitésimal offrent un exemple frappant de cette absence de principes qui caractérise les sciences profanes, c'est-à-dire les seules sciences que les modernes connaissent et que même ils conçoivent comme possibles. Nous avons souvent fait remarquer déjà que la plupart de ces sciences, même dans la mesure où elles correspondent encore à quelque réalité, ne représentent rien de plus que de simples résidus dénaturés de quelques-unes des anciennes sciences traditionnelles : c'est la partie la plus inférieure de celles-ci qui, ayant cessé d'être mise en relation avec les principes, et ayant perdu par là sa véritable signification originelle, a fini par prendre un développement indépendant et par être regardée comme une connaissance se suffisant à elle-même, bien que, à la vérité, sa valeur propre comme connaissance se trouve précisément réduite par là même à presque rien. Cela est surtout apparent lorsqu'il s'agit des sciences physiques, mais, comme nous l'avons expliqué ailleurs [1], les mathématiques modernes elles-mêmes ne font pas exception sous ce rapport, si on les compare à ce qu'étaient pour les anciens la science des nombres et la géométrie ; et, quand nous parlons ici des anciens, il faut y comprendre même l'antiquité « classique », comme la moindre étude des théories pythagoriciennes et platoniciennes suffit à le montrer, ou le devrait tout au moins s'il ne fallait compter avec l'extraordinaire incompréhension de ceux qui prétendent aujourd'hui les interpréter ; si cette incompréhension n'était aussi complète, comment pourrait-on soutenir, par exemple, l'opinion d'une origine « empirique » des sciences en question, alors que, en réalité, elles apparaissent au contraire d'autant plus éloignées de tout « empirisme » qu'on remonte plus haut dans le temps, ainsi qu'il en est d'ailleurs également pour toute autre branche de la connaissance scientifique ?

Les mathématiciens, à l'époque moderne, et plus particulièrement encore à l'époque contemporaine, semblent en être arrivés à ignorer ce qu'est véritablement le nombre ;

---

[1] Voir *Le Règne de la Quantité et les Signes des Temps*. (www.omnia-veritas.com)

et, en cela, nous n'entendons pas parler seulement du nombre pris au sens analogique et symbolique où l'entendaient les Pythagoriciens et les Kabbalistes, ce qui est trop évident, mais même, ce qui peut sembler plus étrange et presque paradoxal, du nombre dans son acception simplement et proprement quantitative. En effet, ils réduisent toute leur science au calcul, suivant la conception la plus étroite qu'on puisse s'en faire, c'est-à-dire considéré comme un simple ensemble de procédés plus ou moins artificiels, et qui ne valent en somme que par les applications pratiques auxquelles ils donnent lieu ; au fond, cela revient à dire qu'ils remplacent le nombre par le chiffre, et, du reste, cette confusion du nombre avec le chiffre est si répandue de nos jours qu'on pourrait facilement la retrouver à chaque instant jusque dans les expressions du langage courant[2]. Or le chiffre n'est, en toute rigueur, rien de plus que le vêtement du nombre ; nous ne disons pas même son corps, car c'est plutôt la forme géométrique qui, à certains égards, peut être légitimement considérée comme constituant le véritable corps du nombre, ainsi que le montrent les théories des anciens sur les polygones et les polyèdres, mis en rapport direct avec le symbolisme des nombres ; et ceci s'accorde d'ailleurs avec le fait que toute « incorporation » implique nécessairement une « spatialisation ». Nous ne voulons pas dire, cependant, que les chiffres mêmes soient des signes entièrement arbitraires, dont la forme n'aurait été

---

[2] Il est même des « pseudo-ésotéristes » qui savent si peu de quoi ils veulent parler qu'ils ne manquent jamais de commettre cette même confusion dans les élucubrations fantaisistes qu'ils ont la prétention de substituer à la science traditionnelle des nombres !

déterminée que par la fantaisie d'un ou de plusieurs individus ; il doit en être des caractères numériques comme des caractères alphabétiques, dont ils ne se distinguent d'ailleurs pas dans certaines langues[3], et on peut appliquer aux uns aussi bien qu'aux autres la notion d'une origine hiéroglyphique, c'est-à-dire idéographique ou symbolique, qui vaut pour toutes les écritures sans exception, si dissimulée que cette origine puisse être dans certains cas par des déformations ou des altérations plus ou moins récentes.

Ce qu'il y a de certain, c'est que les mathématiciens emploient dans leur notation des symboles dont ils ne connaissent plus le sens, et qui sont comme des vestiges de traditions oubliées ; et ce qui est le plus grave, c'est que non seulement ils ne se demandent pas quel peut être ce sens, mais que même ils semblent ne pas vouloir qu'il y en ait un. En effet, ils tendent de plus en plus à regarder toute notation comme une simple « convention », par quoi ils entendent quelque chose qui est posé d'une façon tout arbitraire, ce qui, au fond, est une véritable impossibilité, car on ne fait jamais

---

[3] L'hébreu et le grec sont dans ce cas, et l'arabe l'était également avant l'introduction de l'usage des chiffres d'origine indienne, qui ensuite, en se modifiant plus ou moins, passèrent de là dans l'Europe du moyen âge ; on peut remarquer à ce propos que le mot « chiffre » lui-même n'est pas autre chose que l'arabe *çifr*, bien que celui-ci ne soit en réalité que la désignation du zéro. Il est vrai qu'en hébreu, d'autre part, *saphar* signifie « compter » ou « nombrer » en même temps qu'« écrire », d'où *sepher*, « écriture » ou « livre » (en arabe *sifr*, qui désigne particulièrement un livre sacré), et *sephar*, « numération » ou « calcul » ; de ce dernier mot vient aussi la désignation des *Sephiroth* de la Kabbale, qui sont les « numérations » principielles assimilées aux attributs divins.

une convention quelconque sans avoir quelque raison de la faire, et de faire précisément celle-là plutôt que toute autre ; c'est seulement à ceux qui ignorent cette raison que la convention peut paraître arbitraire, de même que ce n'est qu'à ceux qui ignorent les causes d'un événement que celui-ci peut paraître « fortuit » ; c'est bien ce qui se produit ici, et on peut voir là une des conséquences les plus extrêmes de l'absence de tout principe, allant jusqu'à faire perdre à la science, ou soi-disant telle, car alors elle ne mérite vraiment plus ce nom sous aucun rapport, toute signification plausible. D'ailleurs, du fait même de la conception actuelle d'une science exclusivement quantitative, ce « conventionalisme » s'étend peu à peu des mathématiques aux sciences physiques, dans leurs théories les plus récentes, qui ainsi s'éloignent de plus en plus de la réalité qu'elles prétendent expliquer ; nous avons suffisamment insisté là-dessus dans un autre ouvrage pour nous dispenser d'en dire davantage à cet égard, d'autant plus que c'est des seules mathématiques que nous avons maintenant à nous occuper plus particulièrement. À ce point de vue, nous ajouterons seulement que, quand on perd ainsi complètement de vue le sens d'une notation, il n'est que trop facile de passer de l'usage légitime et valable de celle-ci à un usage illégitime, qui ne correspond plus effectivement à rien, et qui peut même être parfois tout à fait illogique ; cela peut sembler assez extraordinaire quand il s'agit d'une science comme les mathématiques, qui devrait avoir avec la logique des liens particulièrement étroits, et pourtant il n'est que trop vrai qu'on peut relever de multiples illogismes dans les notions mathématiques telles qu'elles sont envisagées communément à notre époque.

Un des exemples les plus remarquables de ces notions illogiques, et celui que nous aurons à envisager ici avant tout, bien que ce ne soit pas le seul que nous rencontrerons au cours de notre exposé, c'est celui du prétendu infini mathématique ou quantitatif, qui est la source de presque toutes les difficultés qu'on a soulevées contre le calcul infinitésimal, ou, peut-être plus exactement, contre la méthode infinitésimale, car il y a là quelque chose qui, quoi que puissent en penser les « conventionalistes », dépasse la portée d'un simple « calcul » au sens ordinaire de ce mot ; il n'y a d'exception à faire que pour celles de ces difficultés qui proviennent d'une conception erronée ou insuffisante de la notion de « limite », indispensable pour justifier la rigueur de cette méthode infinitésimale et en faire autre chose qu'une simple méthode d'approximation. Il y a d'ailleurs, comme nous le verrons, une distinction à faire entre les cas où le soi-disant infini n'exprime qu'une absurdité pure et simple, c'est-à-dire une idée contradictoire en elle-même, comme celle du « nombre infini », et ceux où il est seulement employé d'une façon abusive dans le sens d'indéfini ; mais il ne faudrait pas croire pour cela que la confusion même de l'infini et de l'indéfini se réduise à une simple question de mots, car elle porte bien véritablement sur les idées elles-mêmes. Ce qui est singulier, c'est que cette confusion, qu'il eût suffi de dissiper pour couper court à tant de discussions, ait été commise par Leibnitz lui-même, qui est généralement regardé comme l'inventeur du calcul infinitésimal, et que nous appellerions plutôt son « formulateur », car cette méthode correspond à certaines réalités, qui, comme telles, ont une existence indépendante de celui qui les conçoit et qui les exprime plus ou moins parfaitement ; les réalités de l'ordre mathématique ne peuvent, comme toutes les autres, qu'être découvertes et non pas inventées, tandis que, par contre, c'est bien d'« invention » qu'il s'agit quand, ainsi qu'il arrive trop souvent dans ce domaine, on se laisse entraîner, par le fait d'un « jeu » de notation, dans la fantaisie pure ; mais il serait assurément bien difficile de faire comprendre cette différence à des mathématiciens qui s'imaginent volontiers que toute leur science n'est et ne doit être rien d'autre qu'une « construction de l'esprit humain », ce qui, s'il fallait les en croire, la réduirait certes à n'être que bien peu de chose en vérité ! Quoi qu'il en soit, Leibnitz ne sut jamais s'expliquer nettement sur les principes de son calcul, et c'est bien ce qui montre qu'il y avait là quelque chose qui le dépassait et qui s'imposait en quelque sorte à lui sans qu'il en eût conscience ; s'il s'en était rendu compte, il ne se serait assurément pas engagé à ce sujet dans une dispute de « priorité » avec Newton, et d'ailleurs ces sortes de disputes sont toujours parfaitement vaines, car les idées, en tant qu'elles sont vraies, ne sauraient être la propriété de personne, en dépit de l'« individualisme » moderne, et il n'y a que l'erreur qui puisse être attribuée proprement aux individus humains. Nous ne nous étendrons pas davantage sur cette question, qui pourrait nous entraîner assez loin de l'objet de notre étude, encore qu'il ne soit peut-être pas inutile, à certains égards, de faire comprendre que le rôle de ce qu'on appelle les « grands hommes » est souvent, pour une bonne part, un rôle de « récepteurs », bien qu'eux-mêmes soient généralement les premiers à s'illusionner sur leur « originalité ».

Ce qui nous concerne plus directement pour le moment, c'est ceci : si nous avons à constater de telles insuffisances chez Leibnitz, et des insuffisances d'autant plus graves qu'elles portent surtout sur les questions de principes, que pourra-t-il bien en être des autres philosophes et mathématiciens modernes, auxquels il est assurément très supérieur malgré tout ? Cette supériorité, il la doit, d'une part, à l'étude qu'il avait faite des doctrines scolastiques du moyen âge, bien qu'il ne les ait pas toujours entièrement comprises, et, d'autre part, à certaines données ésotériques, d'origine ou d'inspiration principalement rosicrucienne [4], données évidemment très incomplètes et même fragmentaires, et que d'ailleurs il lui arriva parfois d'appliquer assez mal, comme nous en verrons quelques exemples ici même ; c'est à ces deux « sources » pour parler comme les historiens, qu'il convient de rapporter, en définitive, à peu près tout ce qu'il y a de réellement valable

---

[4] La marque indéniable de cette origine se trouve dans la figure hermétique placée par Leibnitz en tête de son traité *De Arte combinatoria* : c'est une représentation de la *Rota Mundi*, dans laquelle, au centre de la double croix des éléments (feu et eau, air et terre) et des qualités (chaud et froid, sec et humide), la *quinta essentia* est symbolisée par une rose à cinq pétales (correspondant à l'éther considéré en lui-même et comme principe des quatre autres éléments) ; naturellement, cette « signature » est passée complètement inaperçue de tous les commentateurs universitaires !

dans ses théories, et c'est là aussi ce qui lui permit de réagir, quoique imparfaitement, contre le cartésianisme, qui représentait alors, dans le double domaine philosophique et scientifique, tout l'ensemble des tendances et des conceptions les plus spécifiquement modernes. Cette remarque suffit en somme à expliquer, en quelques mots, tout ce que fut Leibnitz, et, si on veut le comprendre, il ne faudrait jamais perdre de vue ces indications générales, que nous avons cru bon, pour cette raison, de formuler dès le début ; mais il est temps de quitter ces considérations préliminaires pour entrer dans l'examen des questions mêmes qui nous permettront de déterminer la véritable signification du calcul infinitésimal.

Chapitre premier

INFINI ET INDÉFINI

Procédant en quelque sorte en sens inverse de la science profane, nous devons, suivant le point de vue constant de toute science traditionnelle, poser ici avant tout le principe qui nous permettra de résoudre par la suite, d'une façon presque immédiate, les difficultés auxquelles a donné lieu la méthode infinitésimale, sans nous laisser égarer dans des discussions qui autrement risqueraient d'être interminables, comme elles le sont en effet pour les philosophes et les mathématiciens modernes, qui, par là même que ce principe leur manque, ne sont jamais arrivés à apporter à ces difficultés une solution satisfaisante et définitive. Ce principe, c'est l'idée même de l'Infini entendu dans son seul véritable sens, qui est le sens purement métaphysique, et nous n'avons d'ailleurs, à ce sujet, qu'à rappeler sommairement ce que nous avons déjà exposé plus complètement ailleurs[5] : l'Infini est proprement ce qui n'a pas de limites, car fini est évidemment synonyme de limité ; on ne peut donc sans abus appliquer ce mot à autre chose qu'à ce qui n'a absolument aucune limite, c'est-à-dire au Tout universel qui inclut en soi toutes les possibilités, et qui, par

---

[5] *Les États multiples de l'être*, ch. Ier.

suite, ne saurait être en aucune façon limité par quoi que ce soit ; l'Infini, ainsi entendu, est métaphysiquement et logiquement nécessaire, car non seulement il ne peut impliquer aucune contradiction, ne renfermant en soi rien de négatif, mais c'est au contraire sa négation qui serait contradictoire. De plus, il ne peut évidemment y avoir qu'un Infini, car deux infinis supposés distincts se limiteraient l'un l'autre, donc s'excluraient forcément ; par conséquent, toutes les fois que le mot « infini » est employé dans un sens autre que celui que nous venons de dire, nous pouvons être assuré *a priori* que cet emploi est nécessairement abusif, car il revient en somme, ou à ignorer purement et simplement l'Infini métaphysique, ou à supposer à côté de lui un autre infini.

Il est vrai que les scolastiques admettaient ce qu'ils appelaient *infinitum secundum quid*, qu'ils distinguaient soigneusement de l'*infinitum absolutum* qui seul est l'Infini métaphysique ; mais nous ne pouvons voir là qu'une imperfection de leur terminologie, car, si cette distinction leur permettait d'échapper à la contradiction d'une pluralité d'infinis entendus au sens propre, il n'en est pas moins certain que ce double emploi du mot *infinitum* risquait de causer de multiples confusions, et que d'ailleurs un des deux sens qu'ils lui donnaient ainsi était tout à fait impropre, car dire que quelque chose est infini sous un certain rapport seulement, ce qui est la signification exacte de l'expression *infinitum secundum quid*, c'est dire qu'en réalité il n'est nullement infini⁶. En effet, ce n'est pas parce qu'une chose n'est pas limitée en un certain sens ou sous un certain rapport qu'on peut légitimement en conclure qu'elle n'est aucunement limitée, ce qui serait nécessaire pour qu'elle fût vraiment infinie ; non seulement elle peut être en même temps limitée sous d'autres rapports, mais même nous pouvons dire qu'elle l'est nécessairement, dès lors qu'elle est une certaine chose déterminée, et qui, par sa détermination même, n'inclut pas toute possibilité, car cela même revient à dire qu'elle est limitée par ce qu'elle laisse en dehors d'elle ; si au contraire le Tout universel est infini, c'est précisément parce qu'il ne laisse rien en dehors de lui⁷. Toute détermination, si générale qu'on la suppose d'ailleurs, et quelque extension qu'elle puisse recevoir, est donc nécessairement exclusive de la véritable notion d'infini⁸ ; une détermination quelle qu'elle soit, est toujours une limitation, puisqu'elle a pour caractère essentiel de définir un certain domaine de possibilités par rapport à tout le reste, et en excluant ce reste par là même. Ainsi, il y a un véritable non-sens à appliquer l'idée d'infini à une détermination quelconque, par exemple, dans le cas que nous

---

⁶ C'est dans un sens assez voisin de celui-là que Spinoza employa plus tard l'expression « infini en son genre », qui donne naturellement lieu aux mêmes objections.

⁷ On peut dire encore qu'il ne laisse en dehors de lui que l'impossibilité, laquelle, étant un pur néant, ne saurait le limiter en aucune façon.

⁸ Ceci est également vrai des déterminations d'ordre universel, et non plus simplement général, y compris l'Être même qui est la première de toutes les déterminations ; mais il va de soi que cette considération n'a pas à intervenir dans les applications uniquement cosmologiques auxquelles nous avons affaire dans la présente étude.

avons à envisager ici plus spécialement à la quantité ou à l'un ou l'autre de ses modes ; l'idée d'un « infini déterminé » est trop manifestement contradictoire pour qu'il y ait lieu d'y insister davantage, bien que cette contradiction ait le plus souvent échappé à la pensée profane des modernes, et que même ceux qu'on pourrait appeler des « semi-profanes » comme Leibnitz n'aient pas su l'apercevoir nettement[9]. Pour faire encore mieux ressortir cette contradiction, nous pourrions dire, en d'autres termes qui sont équivalents au fond, qu'il est évidemment absurde de vouloir définir l'Infini : une définition n'est pas autre chose en effet que l'expression d'une détermination, et les mots mêmes disent assez clairement que ce qui est susceptible d'être défini ne peut être que fini ou limité ; chercher à faire entrer l'Infini dans une formule, ou, si l'on préfère, à le revêtir d'une forme quelle qu'elle soit, c'est, consciemment ou inconsciemment, s'efforcer de faire entrer le Tout universel dans un des éléments les plus infimes qui sont compris en lui, ce qui, assurément, est bien la plus manifeste des impossibilités.

Ce que nous venons de dire suffit pour établir, sans laisser place au moindre doute, et sans qu'il soit besoin d'entrer dans aucune autre considération, qu'il ne peut y avoir d'infini mathématique ou quantitatif, que cette expression n'a même aucun sens, parce que la quantité elle-même est une

---

[9] Si l'on s'étonnait de l'expression « semi-profane » que nous employons ici, nous dirions qu'elle peut se justifier, d'une façon très précise, par la distinction de l'initiation effective et de l'initiation simplement virtuelle, sur laquelle nous aurons à nous expliquer en une autre occasion.

détermination ; le nombre, l'espace, le temps, auxquels on veut appliquer la notion de ce prétendu infini, sont des conditions déterminées, et qui, comme telles, ne peuvent être que finies ; ce sont là certaines possibilités, ou certains ensembles de possibilités, à côté et en dehors desquelles il en existe d'autres, ce qui implique évidemment leur limitation. Il y a même, dans ce cas, encore quelque chose de plus : concevoir l'Infini quantitativement, ce n'est pas seulement le borner, mais c'est encore, par surcroît, le concevoir comme susceptible d'augmentation ou de diminution, ce qui n'est pas moins absurde ; avec de semblables considérations, on en arrive vite à envisager non seulement plusieurs infinis qui coexistent sans se confondre ni s'exclure, mais aussi des infinis qui sont plus grands ou plus petits que d'autres infinis, et même, l'infini étant devenu si relatif dans ces conditions qu'il ne suffit plus, on invente le « transfini », c'est-à-dire le domaine des quantités plus grandes que l'infini ; et c'est bien d'« invention » qu'il s'agit proprement alors, car de telles conceptions ne sauraient correspondre à rien de réel ; autant de mots, autant d'absurdités, même au regard de la simple logique élémentaire, ce qui n'empêche pas que, parmi ceux qui les soutiennent, il s'en trouve qui ont la prétention d'être des « spécialistes » de la logique, tellement grande est la confusion intellectuelle de notre époque !

Nous devons faire remarquer que nous avons dit tout à l'heure, non pas seulement « concevoir un infini quantitatif », mais « concevoir l'Infini quantitativement », et ceci demande quelques mots d'explication : nous avons voulu, en cela, faire plus particulièrement allusion à ceux que, dans le jargon philosophique contemporain, on appelle les « infinitistes » ; en effet, toutes les discussions entre « finitistes » et « infinitistes » montrent clairement que les uns et les autres ont au moins en commun cette idée complètement fausse que l'Infini métaphysique est solidaire de l'infini mathématique, si même il ne s'y identifie pas purement et simplement[10]. Tous ignorent donc également les principes les plus élémentaires de la métaphysique, puisque c'est au contraire la conception même du véritable Infini métaphysique qui seule permet de rejeter d'une façon absolue tout « infini particulier », si l'on peut s'exprimer ainsi, tel que le prétendu infini quantitatif, et d'être assuré par avance que, partout où on le rencontrera, il ne peut être qu'une illusion, au sujet de laquelle il y aura seulement lieu de se demander ce qui a pu lui donner naissance, afin de pouvoir lui substituer une autre notion plus conforme à la vérité. En somme, toutes les fois qu'il s'agit d'une chose particulière, d'une possibilité déterminée, nous sommes par là même certain *a priori* qu'elle est limitée, et, pouvons-nous dire, limitée par sa nature même, et cela reste également vrai dans le cas où, pour une raison quelconque, nous ne pouvons pas actuellement atteindre ses limites ; mais c'est précisément cette impossibilité d'atteindre les limites de

---

[10] Nous citerons seulement ici, comme exemple caractéristique, le cas de L. Couturat concluant sa thèse *De l'infini mathématique*, dans laquelle il s'est efforcé de prouver l'existence d'un infini de nombre et de grandeur, en déclarant que son intention a été de montrer par là que, « malgré le néo-criticisme (c'est-à-dire les théories de Renouvier et de son école), une métaphysique infinitiste est probable » !

certaines choses, et même parfois de les concevoir nettement, qui cause, du moins chez ceux à qui le principe métaphysique fait défaut, l'illusion que ces choses n'ont pas de limites, et, redisons-le encore, c'est cette illusion, et rien de plus, qui se formule dans l'affirmation contradictoire d'un « infini déterminé ».

C'est ici qu'intervient, pour rectifier cette fausse notion, ou plutôt pour la remplacer par une conception vraie des choses[11], l'idée de l'indéfini, qui est précisément l'idée d'un développement de possibilités dont nous ne pouvons atteindre actuellement les limites ; et c'est pourquoi nous regardons comme fondamentale, dans toutes les questions où apparaît le prétendu infini mathématique, la distinction de l'Infini et de l'indéfini. C'est sans doute à cela que répondait, dans l'intention de ses auteurs, la distinction scolastique de l'*infinitum absolutum* et de l'*infinitum secundum quid* ; il est certainement fâcheux que Leibnitz, qui pourtant a fait par ailleurs tant d'emprunts à la scolastique, ait négligé ou ignoré celle-ci, car, tout imparfaite que fût la forme sous laquelle elle

---

[11] Il y a lieu, en toute rigueur logique, de faire une distinction entre « fausse notion » (ou, si l'on veut, « pseudo-notion ») et « notion fausse » : une « notion fausse » est celle qui ne correspond pas adéquatement à la réalité, bien qu'elle y corresponde cependant dans une certaine mesure ; au contraire, une « fausse notion » est celle qui implique contradiction, comme c'est le cas ici, et qui ainsi n'est pas vraiment une notion, même fausse, bien qu'elle en ait l'apparence pour ceux qui n'aperçoivent pas la contradiction, car, n'exprimant que l'impossible, qui est la même chose que le néant, elle ne correspond absolument à rien ; une « notion fausse » est susceptible d'être rectifiée, mais une « fausse notion » ne peut qu'être rejetée purement et simplement.

était exprimée, elle eût pu lui servir à répondre assez facilement à certaines des objections soulevées contre sa méthode. Par contre, il semble bien que Descartes avait essayé d'établir la distinction dont il s'agit, mais il est fort loin de l'avoir exprimée et même conçue avec une précision suffisante, puisque, selon lui, l'indéfini est ce dont nous ne voyons pas les limites, et qui pourrait en réalité être infini, bien que nous ne puissions pas affirmer qu'il le soit, tandis que la vérité est que nous pouvons au contraire affirmer qu'il ne l'est pas, et qu'il n'est nullement besoin d'en voir les limites pour être certain qu'il en existe ; on voit donc combien tout cela est vague et embarrassé, et toujours à cause du même défaut de principe. Descartes dit en effet : « Et pour nous, en voyant des choses dans lesquelles, selon certains sens[12], nous ne remarquons point de limites, nous n'assurerons pas pour cela qu'elles soient infinies, mais nous les estimerons seulement indéfinies »[13]. Et il en donne comme exemples l'étendue et la divisibilité des corps ; il n'assure pas que ces choses soient infinies, mais cependant il ne paraît pas non plus vouloir le nier formellement, d'autant plus qu'il vient de déclarer qu'il ne veut pas « s'embarrasser dans les disputes de l'infini », ce qui est une façon un peu trop simple d'écarter les difficultés, et bien qu'il dise un peu plus loin qu'« encore que nous y remarquions des propriétés qui nous semblent n'avoir point de limites, nous ne laissons pas de connaître

---

[12] Ces mots semblent bien vouloir rappeler le *secundum quid* scolastique et ainsi il se pourrait que l'intention première de la phrase que nous citons ait été de critiquer indirectement l'expression *infinitum secundum quid*.
[13] *Principes de la Philosophie*, I, 26.

que cela procède du défaut de notre entendement, et non point de leur nature »[14]. En somme, il veut, avec juste raison, réserver le nom d'infini à ce qui ne peut avoir aucune limite ; mais, d'une part, il paraît ne pas savoir, avec la certitude absolue qu'implique toute connaissance métaphysique, que ce qui n'a aucune limite ne peut être quoi que ce soit d'autre que le Tout universel, et, d'autre part, la notion même de l'indéfini a besoin d'être précisée beaucoup plus qu'il ne le fait ; si elle l'avait été, un grand nombre de confusions ultérieures ne se seraient sans doute pas produites aussi facilement[15].

Nous disons que l'indéfini ne peut pas être infini, parce que son concept comporte toujours une certaine détermination, qu'il s'agisse de l'étendue, de la durée, de la divisibilité, ou de quelque autre possibilité que ce soit ; en un mot, l'indéfini, quel qu'il soit et sous quelque aspect qu'on l'envisage, est encore du fini et ne peut être que du fini. Sans doute, les limites en sont reculées jusqu'à se trouver hors de notre atteinte, du moins tant que nous chercherons à les atteindre d'une certaine façon que nous pouvons appeler « analytique », ainsi que nous l'expliquerons plus complètement par la suite ; mais elles ne sont nullement supprimées par là même, et, en tout cas, si les limitations d'un

---

[14] *Ibid.*, I, 27.
[15] C'est ainsi que Varignon, dans sa correspondance avec Leibnitz au sujet du calcul infinitésimal, emploie indistinctement les mots « infini » et « indéfini », comme s'ils étaient à peu près synonymes, ou comme si tout au moins il était en quelque sorte indifférent de prendre l'un pour l'autre, alors que c'est au contraire la différence de leurs significations qui, dans toutes ces discussions, aurait dû être regardée comme le point essentiel.

certain ordre peuvent être supprimées, il en subsiste encore d'autres, qui tiennent à la nature même de ce que l'on considère, car c'est en vertu de sa nature, et non pas simplement de quelque circonstance plus ou moins extérieure et accidentelle, que toute chose particulière est finie, à quelque degré que puisse être poussée effectivement l'extension dont elle est susceptible. On peut remarquer à ce propos que le signe ∞, par lequel les mathématiciens représentent leur prétendu infini, est lui-même une figure fermée, donc visiblement finie, tout aussi bien que le cercle dont certains ont voulu faire un symbole de l'éternité, tandis qu'il ne peut être qu'une figuration d'un cycle temporel, indéfini seulement dans son ordre, c'est-à-dire de ce qui s'appelle proprement la perpétuité[16] ; et il est facile de voir que cette confusion de l'éternité et de la perpétuité, si commune parmi les Occidentaux modernes, s'apparente étroitement à celle de l'Infini et de l'indéfini.

Pour faire mieux comprendre l'idée de l'indéfini et la façon dont celui-ci se forme à partir du fini entendu dans son acception ordinaire, on peut considérer un exemple tel que celui de la suite des nombres : dans celle-ci, il n'est évidemment jamais possible de s'arrêter en un point

---

[16] Encore convient-il de faire remarquer que, comme nous l'avons expliqué ailleurs, un tel cycle n'est jamais véritablement fermé, mais qu'il paraît seulement l'être autant qu'on se place dans une perspective qui ne permet pas d'apercevoir la distance existant réellement entre ses extrémités, de même qu'une spire d'hélice à axe vertical apparaît comme un cercle quand elle est projetée sur un plan horizontal.

déterminé, puisque, après tout nombre, il y en a toujours un autre qui s'obtient en lui ajoutant l'unité ; par conséquent, il faut que la limitation de cette suite indéfinie soit d'un autre ordre que celle qui s'applique à un ensemble défini de nombres, pris entre deux nombres déterminés quelconques ; il faut donc qu'elle tienne, non pas à des propriétés particulières de certains nombres, mais à la nature même du nombre dans toute sa généralité, c'est-à-dire à la détermination qui, constituant essentiellement cette nature, fait à la fois que le nombre est ce qu'il est et qu'il n'est pas toute autre chose. On pourrait répéter exactement la même observation s'il s'agissait, non plus du nombre, mais de l'espace ou du temps considérés de même dans toute l'extension dont ils sont susceptibles[17] ; cette extension, si indéfinie qu'on la conçoive et qu'elle soit effectivement, ne pourra jamais en aucune façon nous faire sortir du fini. C'est que, en effet, tandis que le fini présuppose nécessairement l'Infini, puisque celui-ci est ce qui comprend et enveloppe toutes les possibilités, l'indéfini procède au contraire du fini, dont il n'est en réalité qu'un développement, et auquel il est, par conséquent, toujours réductible, car il est évident qu'on ne peut tirer du fini, par quelque processus que ce soit, rien de plus ni d'autre que ce qui y était déjà contenu potentiellement. Pour reprendre le même exemple de la suite

---

[17] Il ne servirait donc à rien de dire que l'espace, par exemple, ne pourrait être limité que par quelque chose qui serait encore de l'espace, de sorte que l'espace en général ne pourrait plus être limité par rien ; il est au contraire limité par la détermination même qui constitue sa nature propre en tant qu'espace, et qui laisse place, en dehors de lui, à toutes les possibilités non spatiales.

des nombres, nous pouvons dire que cette suite, avec toute l'indéfinité qu'elle comporte, nous est donnée par sa loi de formation, puisque c'est de cette loi même que résulte immédiatement son indéfinité ; or cette loi consiste en ce que, étant donné un nombre quelconque, on formera le nombre suivant en lui ajoutant l'unité. La suite des nombres se forme donc par des additions successives de l'unité à elle-même indéfiniment répétée, ce qui, au fond, n'est que l'extension indéfinie du procédé de formation d'une somme arithmétique quelconque ; et l'on voit ici très nettement comment l'indéfini se forme à partir du fini. Cet exemple doit d'ailleurs sa netteté particulière au caractère discontinu de la quantité numérique ; mais, pour prendre les choses d'une façon plus générale et applicable à tous les cas, il suffirait, à cet égard, d'insister sur l'idée de « devenir » qui est impliquée par le terme « indéfini », et que nous avons exprimée plus haut en parlant d'un développement de possibilités, développement qui, en lui-même et dans tout son cours, comporte toujours quelque chose d'inachevé[18] ; l'importance de la considération des « variables », en ce qui concerne le calcul infinitésimal, donnera à ce dernier point toute sa signification.

---

[18] Cf. la remarque de M. A. K. Coomaraswamy sur le concept platonicien de « mesure », que nous avons citée ailleurs (*Le Règne de la Quantité et les Signes des Temps*, ch. III) : le « non-mesuré » est ce qui n'a pas encore été défini, c'est-à-dire en somme l'indéfini, et il est, en même temps et par là même, ce qui n'est qu'incomplètement réalisé.

Chapitre II

LA CONTRADICTION
DU « NOMBRE INFINI »

Il y a des cas où il suffit, comme nous le verrons encore plus clairement par la suite, de remplacer l'idée du prétendu infini par celle de l'indéfini pour faire disparaître immédiatement toute difficulté ; mais il en est d'autres où cela même n'est pas possible, parce qu'il s'agit de quelque chose de nettement déterminé, d'« arrêté » en quelque sorte par hypothèse, et qui, comme tel, ne peut pas être dit indéfini, suivant la remarque que nous avons faite en dernier lieu : ainsi, par exemple, on peut dire que la suite des nombres est indéfinie, mais on ne peut pas dire qu'un certain nombre, si grand qu'on le suppose et quelque rang qu'il occupe dans cette suite, est indéfini. L'idée du « nombre infini », entendu comme le « plus grand de tous les nombres » ou le « nombre de tous les nombres », ou encore le « nombre de toutes les unités », est une idée véritablement contradictoire en elle-même, dont l'impossibilité subsisterait alors même que l'on renoncerait à l'emploi injustifiable du mot « infini » : il ne peut pas y avoir un nombre qui soit plus grand que tous les autres, car, si grand que soit un nombre, on peut toujours en former un plus grand en lui ajoutant l'unité, conformément à la loi de formation que nous avons formulée plus haut. Cela revient à dire que la suite des nombres ne peut pas avoir de dernier terme, et c'est précisément parce qu'elle n'est pas « terminée » qu'elle est véritablement indéfinie ; comme le nombre de tous ses termes ne pourrait être que le dernier d'entre eux, on peut dire encore qu'elle n'est pas « nombrable », et c'est là une idée sur laquelle nous aurons à revenir plus amplement par la suite.

L'impossibilité du « nombre infini » peut encore être établie par divers arguments ; Leibnitz, qui du moins la reconnaissait très nettement[19], employait celui qui consiste à comparer la suite des nombres pairs à celle de tous les nombres entiers : à tout nombre correspond un autre nombre qui est égal à son double, de sorte qu'on peut faire correspondre les deux suites terme à terme, d'où il résulte que le nombre des termes doit être le même dans l'une et dans l'autre ; mais, d'autre part, il y a évidemment deux fois plus de nombres entiers que de nombres pairs, puisque les nombres pairs se placent de deux en deux dans la suite des nombres entiers ; on aboutit donc ainsi à une contradiction manifeste. On peut généraliser cet argument en prenant, au lieu de la suite des nombres pairs, c'est-à-dire des multiples de deux, celle des multiples d'un nombre quelconque, et le raisonnement est identique ; on peut encore prendre de la

---

[19] « En dépit de mon calcul infinitésimal, écrivait-il notamment, je n'admets pas de vrai nombre infini, quoique je confesse que la multitude des choses surpasse tout nombre fini, ou plutôt tout nombre. »

même façon la suite des carrés des nombres entiers[20], ou, plus généralement, celle de leurs puissances d'un exposant quelconque. Dans tous les cas, la conclusion à laquelle on arrive est toujours la même : c'est qu'une suite qui ne comprend qu'une partie des nombres entiers devrait avoir le même nombre de termes que celle qui les comprend tous, ce qui reviendrait à dire que le tout ne serait pas plus grand que sa partie ; et, dès lors qu'on admet qu'il y a un nombre de tous les nombres, il est impossible d'échapper à cette contradiction. Pourtant, certains ont cru pouvoir y échapper en admettant en même temps qu'il y a des nombres à partir desquels la multiplication par un certain nombre ou l'élévation à une certaine puissance ne serait plus possible, parce qu'elle donnerait un résultat qui dépasserait le prétendu « nombre infini » ; il en est même qui ont été conduits à envisager en effet des nombres dits « plus grands que l'infini », d'où des théories comme celle du « transfini » de Cantor, qui peuvent être fort ingénieuses, mais qui n'en sont pas plus valables logiquement[21] : est-il même concevable qu'on puisse songer à appeler « infini » un nombre qui est, au

---

[20] C'est ce que faisait Cauchy, qui attribuait d'ailleurs cet argument à Galilée (*Sept leçons de Physique générale*, 3ème leçon).

[21] Déjà, à l'époque de Leibnitz, Wallis envisageait des « *spatia plus quam infinita* » ; cette opinion, dénoncée par Varignon comme impliquant contradiction, fut soutenue également par Guido Grandi dans son livre *De Infinitis infinitorum*. D'autre part, Jean Bernoulli, au cours de ses discussions avec Leibnitz, écrivait : « *Si dantur termini infiniti, dabitur etiam terminus infinitesimus (non dico ultimus) et qui eum sequuntur* », ce qui, bien qu'il ne se soit pas expliqué plus clairement là-dessus, semble indiquer qu'il admettait qu'il puisse y avoir dans une série numérique des termes « au-delà de l'infini ».

contraire, tellement « fini » qu'il n'est même pas le plus grand de tous ? D'ailleurs, avec de semblables théories, il y aurait des nombres auxquels aucune des règles du calcul ordinaire ne s'appliquerait plus, c'est-à-dire, en somme, des nombres qui ne seraient pas vraiment des nombres, et qui ne seraient appelés ainsi que par convention [22] ; c'est ce qui arrive forcément lorsque, cherchant à concevoir le « nombre infini » autrement que comme le plus grand des nombres, on envisage différents « nombres infinis », supposés inégaux entre eux, et auxquels on attribue des propriétés qui n'ont plus rien de commun avec celles des nombres ordinaires ; ainsi, on n'échappe à une contradiction que pour tomber dans d'autres, et, au fond, tout cela n'est que le produit du « conventionalisme » le plus vide de sens qui se puisse imaginer.

Ainsi, l'idée du prétendu « nombre infini », de quelque façon qu'elle se présente et par quelque nom qu'on veuille la désigner, contient toujours des éléments contradictoires ; d'ailleurs, on n'a aucun besoin de cette supposition absurde dès lors qu'on se fait une juste conception de ce qu'est réellement l'indéfinité du nombre, et qu'on reconnaît en outre que le nombre, malgré son indéfinité, n'est nullement applicable à tout ce qui existe. Nous n'avons pas à insister ici

---

[22] On ne peut aucunement dire qu'il s'agit là d'un emploi analogique de l'idée du nombre, car ceci supposerait une transposition dans un domaine autre que celui de la quantité, et, au contraire, c'est bien à la quantité, entendue dans son sens le plus littéral, que toutes les considérations de cette sorte se rapportent toujours exclusivement.

sur ce dernier point, l'ayant déjà suffisamment expliqué ailleurs : le nombre n'est qu'un mode de la quantité, et la quantité elle-même n'est qu'une catégorie ou un mode spécial de l'être, non coextensif à celui-ci, ou, plus précisément encore, elle n'est qu'une condition propre à un certain état d'existence dans l'ensemble de l'existence universelle ; mais c'est là justement ce que la plupart des modernes ont peine à comprendre, habitués qu'ils sont à vouloir tout réduire à la quantité et même tout évaluer numériquement[23]. Cependant, dans le domaine même de la quantité, il y a des choses qui échappent au nombre, ainsi que nous le verrons au sujet du continu ; et, même sans sortir de la seule considération de la quantité discontinue, on est déjà forcé d'admettre, au moins implicitement, que le nombre n'est pas applicable à tout, lorsqu'on reconnaît que la multitude de tous les nombres ne peut pas constituer un nombre, ce qui, du reste, n'est en somme qu'une application de cette vérité incontestable que ce qui limite un certain ordre de possibilités doit être nécessairement en dehors et au-delà de celui-ci[24]. Seulement,

---

[23] C'est ainsi que Renouvier pensait que le nombre est applicable à tout, au moins idéalement, c'est-à-dire que tout est « nombrable » en soi-même, quand bien même nous sommes incapables de le « nombrer » effectivement ; aussi s'est-il complètement mépris sur le sens que Leibnitz donne à la notion de la « multitude », et n'a-t-il jamais pu comprendre comment la distinction de celle-ci d'avec le nombre permet d'échapper à la contradiction du « nombre infini ».

[24] Nous avons dit cependant qu'une chose particulière ou déterminée, quelle qu'elle soit, est limitée par sa nature même, mais il n'y a là absolument aucune contradiction : en effet, c'est par le côté négatif de cette nature qu'elle est limitée (car, comme l'a dit Spinoza, « *omnis determinatio negatio est* »), c'est-à-dire en tant que celle-ci exclut les autres choses et les laisse en dehors d'elle, de sorte que, en définitive, c'est bien la coexistence de ces autres choses qui limite la chose

il doit être bien entendu qu'une telle multitude, considérée soit dans le discontinu, comme c'est le cas quand il s'agit de la suite des nombres, soit dans le continu, sur lequel nous aurons à revenir un peu plus loin, ne peut aucunement être dite infinie, et qu'il n'y a jamais là que de l'indéfini ; c'est d'ailleurs cette notion de la multitude que nous allons avoir maintenant à examiner de plus près.

---

considérée ; c'est d'ailleurs pourquoi le Tout universel, et lui seul, ne peut être limité par rien.

CHAPITRE III

LA MULTITUDE INNOMBRABLE

Leibnitz, comme nous l'avons vu, n'admet aucunement le « nombre infini », puisqu'il déclare au contraire expressément que celui-ci, en quelque sens qu'on veuille l'entendre, implique contradiction ; mais, par contre, il admet ce qu'il appelle une « multitude infinie », sans même préciser, comme l'auraient fait tout au moins les scolastiques, que ce ne peut être là, en tout cas, qu'un *infinitum secundum quid* ; et la suite des nombres est, pour lui, un exemple d'une telle multitude. Pourtant, d'un autre côté, dans le domaine quantitatif, et même en ce qui concerne la grandeur continue, l'idée de l'infini lui paraît toujours suspecte de contradiction au moins possible, car, loin d'être une idée adéquate, elle comporte inévitablement une certaine part de confusion, et nous ne pouvons être certains qu'une idée n'implique aucune contradiction que lorsque nous en concevons distinctement tous les éléments[25] ; cela ne permet

---

[25] Descartes parlait seulement d'idées « claires et distinctes » ; Leibnitz précise qu'une idée peut être claire sans être distincte, en ce qu'elle permet seulement de reconnaître son objet et de le distinguer de toutes les autres choses, tandis qu'une idée distincte est celle qui est, non pas seulement « distinguante » en ce sens, mais « distinguée » dans ses éléments ; une idée peut d'ailleurs être plus ou moins distincte, et l'idée adéquate est celle qui l'est complètement et dans tous ses

guère d'accorder à cette idée qu'un caractère « symbolique », nous dirions plutôt « représentatif », et c'est pourquoi il n'a jamais osé, ainsi que nous le verrons plus loin, se prononcer nettement sur la réalité des « infiniment petits » ; mais cet embarras même et cette attitude dubitative font encore mieux ressortir le défaut de principe qui lui faisait admettre qu'on puisse parler d'une « multitude infinie ». On pourrait aussi se demander, d'après cela, s'il ne pensait pas qu'une telle multitude, pour être « infinie » comme il le dit, ne devait pas seulement n'être pas « nombrable », ce qui est évident, mais que même elle ne devait être aucunement quantitative, en prenant la quantité dans toute son extension et sous tous ses modes ; cela pourrait être vrai dans certains cas, mais non pas dans tous ; quoi qu'il en soit, c'est encore là un point sur lequel il ne s'est jamais expliqué clairement.

L'idée d'une multitude qui surpasse tout nombre, et qui par conséquent n'est pas un nombre, semble avoir étonné la plupart de ceux qui ont discuté les conceptions de Leibnitz, qu'ils soient d'ailleurs « finitistes » ou « infinitistes » ; elle est pourtant fort loin d'être propre à Leibnitz comme ils semblent l'avoir cru généralement, et c'était même là, au contraire, une idée tout à fait courante chez les scolastiques[26]. Cette idée

---

éléments ; mais, tandis que Descartes croyait qu'on pouvait avoir des idées « claires et distinctes » de toutes choses, Leibnitz estime au contraire que les idées mathématiques seules peuvent être adéquates, leurs éléments étant en quelque sorte en nombre défini, tandis que toutes les autres idées enveloppent une multitude d'éléments dont l'analyse ne peut jamais être achevée, de telle sorte qu'elles restent toujours partiellement confuses.

[26] Nous citerons seulement un texte pris parmi beaucoup d'autres, et qui est

s'entendait proprement de tout ce qui n'est ni nombre ni
« nombrable », c'est-à-dire de tout ce qui ne relève pas de la
quantité discontinue, qu'il s'agisse de choses appartenant à
d'autres modes de la quantité ou de ce qui est entièrement en
dehors du domaine quantitatif, car il s'agissait là d'une idée
de l'ordre des « transcendantaux », c'est-à-dire des modes
généraux de l'être, qui, contrairement à ses modes spéciaux
comme la quantité, lui sont coextensifs[27]. C'est ce qui permet
de parler, par exemple, de la multitude des attributs divins,
ou encore de la multitude des anges, c'est-à-dire d'êtres
appartenant à des états qui ne sont pas soumis à la quantité
et où, par conséquent, il ne peut être question de nombre ;
c'est aussi ce qui nous permet de considérer les états de l'être
ou les degrés de l'existence comme étant en multiplicité ou en
multitude indéfinie, alors que la quantité n'est qu'une
condition spéciale d'un seul d'entre eux. D'autre part, l'idée
de multitude étant, contrairement à celle de nombre,
applicable à tout ce qui existe, il doit forcément y avoir des
multitudes d'ordre quantitatif, notamment en ce qui concerne
la quantité continue, et c'est pourquoi nous disions tout à
l'heure qu'il ne serait pas vrai dans tous les cas de considérer

---

particulièrement net à cet égard :
« *Qui diceret aliquam multitudinem esse infinitam, non diceret eam esse numerum, vel numerum habere; addit etiam numerus super multitudinem rationem mensurationis. Est enim numerus multitudo mensurata per unum, ...et propter hoc numerus ponitur species quantitatis discretae, non autem multitudo, sed est de transcendentibus* » (St Thomas d'Aquin, *in III Phys.*, 1. 8).

[27] On sait que les scolastiques, même dans la partie proprement métaphysique de leurs doctrines, n'ont jamais été au-delà de la considération de l'Être, de sorte que, en fait, la métaphysique se réduit pour eux à la seule ontologie.

la soi-disant « multitude infinie », c'est-à-dire celle qui surpasse tout nombre, comme échappant entièrement au domaine de la quantité. Bien plus, le nombre lui-même peut être regardé aussi comme une espèce de multitude, mais à la condition d'ajouter que c'est, suivant l'expression de saint Thomas d'Aquin, une « multitude mesurée par l'unité » ; toute autre sorte de multitude, n'étant pas « nombrable », est « non-mesurée », c'est-à-dire qu'elle est, non point infinie, mais proprement indéfinie.

Il convient de noter, à ce propos, un fait assez singulier : pour Leibnitz, cette multitude, qui ne constitue pas un nombre, est cependant un « résultat des unités »[28] ; que faut-il entendre par là, et de quelles unités peut-il bien s'agir ? Ce mot d'unité peut être pris en deux sens tout à fait différents : il y a, d'une part, l'unité arithmétique ou quantitative, qui est l'élément premier et le point de départ du nombre, et, d'autre part, ce qui est désigné analogiquement comme l'Unité métaphysique, qui s'identifie à l'Être pur lui-même ; nous ne voyons pas qu'il y ait d'autre acception possible en dehors de celles-là ; mais d'ailleurs, quand on parle des « unités », en employant ce mot au pluriel, ce ne peut être évidemment que dans le sens quantitatif. Seulement, s'il en est ainsi, la somme des unités ne peut être autre chose qu'un nombre, et elle ne peut aucunement dépasser le nombre ; il est vrai que Leibnitz dit « résultat » et non « somme », mais cette distinction, même si elle est voulue, n'en laisse pas moins subsister une

---

[28] *Système nouveau de la nature et de la communication des substances.*

fâcheuse obscurité. Du reste, il déclare par ailleurs que la multitude, sans être un nombre, est néanmoins conçue par analogie avec le nombre : « Quand il y a plus de choses, dit-il, qu'il n'en peut être compris par aucun nombre, nous leur attribuons cependant analogiquement un nombre, que nous appelons infini », bien que ce ne soit là qu'une « façon de parler », un « *modus loquendi* »[29], et même, sous cette forme, une façon de parler fort incorrecte, puisque, en réalité, ce n'est nullement un nombre ; mais, quelles que soient les imperfections de l'expression et les confusions auxquelles elles peuvent donner lieu, nous devons admettre, en tout cas, qu'une identification de la multitude avec le nombre n'était sûrement pas au fond de sa pensée.

Un autre point auquel Leibnitz semble attacher une grande importance, c'est que l'« infini », tel qu'il le conçoit, ne constitue pas un tout[30] ; c'est là une condition qu'il regarde comme nécessaire pour que cette idée échappe à la contradiction, mais c'est là aussi un autre point qui ne laisse pas d'être encore passablement obscur. Il y a lieu de se demander de quelle sorte de « tout » il est ici question, et il

---

[29] *Observatio quod rationes sive proportiones non habeant locum circa quantitates nihilo minores, et de vero sensu Methodi infinitesimalis*, dans les *Acta Eruditorum* de Leipzig, 1712.

[30] Cf. notamment *ibid.* : « *Infinitum continuum vel discretum proprie nec unum, nec totum, nec quantum est* », où l'expression « *nec quantum* » semble bien vouloir dire que pour lui, comme nous l'indiquions plus haut, la « multitude infinie » ne doit pas être conçue quantitativement, à moins pourtant que par *quantum* il n'ait entendu seulement ici une quantité définie, comme l'aurait été le prétendu « nombre infini » dont il a démontré la contradiction.

faut tout d'abord écarter entièrement l'idée du Tout universel, qui est au contraire, comme nous l'avons dit dès le début, l'Infini métaphysique lui-même, c'est-à-dire le seul véritable Infini, et qui ne saurait aucunement être en cause ; en effet, qu'il s'agisse du continu ou du discontinu, la « multitude infinie » qu'envisage Leibnitz se tient, dans tous les cas, dans un domaine restreint et contingent, d'ordre cosmologique et non pas métaphysique. Il s'agit évidemment, d'ailleurs, d'un tout conçu comme composé de parties, tandis que, ainsi que nous l'avons expliqué ailleurs [31], le Tout universel est proprement « sans parties », en raison même de son infinité, puisque, ces parties devant être nécessairement relatives et finies, elles ne pourraient avoir avec lui aucun rapport réel, ce qui revient à dire qu'elles n'existent pas pour lui. Nous devons donc nous borner, quant à la question posée, à la considération d'un tout particulier ; mais ici encore, et précisément en ce qui concerne le mode de composition d'un tel tout et sa relation avec ses parties, il y a deux cas à envisager, correspondant à deux acceptions très différentes de ce même mot « tout ». D'abord, s'il s'agit d'un tout qui n'est rien de plus ni d'autre que la simple somme de ses parties, dont il est composé à la façon d'une somme arithmétique, ce que dit Leibnitz est évident au fond, car ce mode de formation est précisément celui qui est propre au nombre, et il ne nous permet pas de dépasser le nombre ; mais, à vrai dire, cette notion, loin de représenter la seule façon dont un tout peut être conçu, n'est pas même celle d'un tout véritable au sens le

---

[31] Sur ce point, voir encore *Les États multiples de l'être*, ch. Ier.

plus rigoureux de ce mot. En effet, un tout qui n'est ainsi que la somme ou le résultat de ses parties, et qui, par suite, est logiquement postérieur à celles-ci, n'est pas autre chose, en tant que tout, qu'un *ens rationis*, car il n'est « un » et « tout » que dans la mesure où nous le concevons comme tel ; en lui-même, ce n'est à proprement parler qu'une « collection », et c'est nous qui, par la façon dont nous l'envisageons, lui conférons, en un certain sens relatif, les caractères d'unité et de totalité. Au contraire, un tout véritable, possédant ces caractères par sa nature même, doit être logiquement antérieur à ses parties et en être indépendant : tel est le cas d'un ensemble continu, que nous pouvons diviser en parties arbitraires, c'est-à-dire d'une grandeur quelconque, mais qui ne présuppose aucunement l'existence actuelle de ces parties ; ici, c'est nous qui donnons aux parties comme telles une réalité, par une division idéale ou effective, et ainsi ce cas est exactement inverse du précédent.

Maintenant, toute la question revient en somme à savoir si, quand Leibnitz dit que « l'infini n'est pas un tout », il exclut ce second sens aussi bien que le premier ; il le semble, et même cela est probable, puisque c'est le seul cas où un tout soit vraiment « un », et que l'infini, suivant lui, n'est « *nec unum, nec totum* ». Ce qui le confirme encore, c'est que ce cas, et non le premier, est celui qui s'applique à un être vivant ou à un organisme lorsqu'on le considère sous le point de vue de la totalité ; or Leibnitz dit : « Même l'Univers n'est pas un tout, et ne doit pas être conçu comme un animal dont l'âme est Dieu, ainsi que le faisaient les anciens »[32]. Cependant, s'il en est ainsi, on ne voit pas trop comment les idées de l'infini et du continu peuvent être connexes comme elles le sont le plus souvent pour lui, car l'idée du continu se rattache précisément, en un certain sens tout au moins, à cette seconde conception de la totalité ; mais c'est là un point qui pourra être mieux compris par la suite. Ce qui est certain en tout cas, c'est que, si Leibnitz avait conçu le troisième sens du mot « tout », sens purement métaphysique et supérieur aux deux autres, c'est-à-dire l'idée du Tout universel telle que nous l'avons posée tout d'abord, il n'aurait pas pu dire que l'idée de l'infini exclut la totalité, car il déclare d'ailleurs : « L'infini réel est peut-être l'absolu lui-même, qui n'est pas composé de parties, mais qui, ayant des parties, les comprend par raison éminente et comme au degré de perfection »[33]. Il y a ici tout au moins une « lueur », pourrait-on dire, car cette fois, comme par exception, il prend le mot « infini » dans son vrai sens, bien qu'il soit erroné de dire que cet infini « a des parties », de quelque façon qu'on veuille l'entendre ; mais il est étrange qu'alors encore il n'exprime sa pensée que sous une forme dubitative et embarrassée, comme s'il n'était pas exactement fixé sur la signification de cette idée ; et peut-être

---

[32] Lettre à Jean Bernoulli. – Leibnitz prête ici assez gratuitement aux anciens en général une opinion qui, en réalité, n'a été que celle de quelques-uns d'entre eux ; il a manifestement en vue la théorie des Stoïciens, qui concevaient Dieu comme uniquement immanent et l'identifiaient à l'*Anima Mundi*. Il va de soi, d'ailleurs, qu'il ne s'agit ici que de l'Univers manifesté, c'est-à-dire du « cosmos », et non point du Tout universel qui comprend toutes les possibilités, tant non-manifestées que manifestées.
[33] Lettre à Jean Bernoulli, 7 juin 1698.

ne l'a-t-il jamais été en effet, car autrement on ne s'expliquerait pas qu'il l'ait si souvent détournée de son sens propre, et qu'il soit parfois si difficile, quand il parle d'infini, de savoir si son intention a été de prendre ce terme « à la rigueur », fût-ce à tort, ou s'il n'y a vu qu'une simple « façon de parler ».

CHAPITRE IV

LA MESURE DU CONTINU

Jusqu'ici quand nous avons parlé du nombre, nous avons eu en vue exclusivement le nombre entier, et il devait logiquement en être ainsi, dès lors que nous regardions la quantité numérique comme étant proprement la quantité discontinue : dans la suite des nombres entiers, il y a toujours, entre deux termes consécutifs, un intervalle parfaitement défini, qui est marqué par la différence d'une unité existant entre ces deux nombres, et qui, quand on s'en tient à la considération des nombres entiers, ne peut être réduit en aucune façon. C'est d'ailleurs, en réalité, le nombre entier seul qui est le nombre véritable, ce qu'on pourrait appeler le nombre pur ; et la série des nombres entiers, partant de l'unité, va en croissant indéfiniment, sans jamais arriver à un dernier terme dont la supposition, comme nous l'avons vu, est contradictoire ; mais il va de soi qu'elle se développe tout entière dans un seul sens, et ainsi l'autre sens opposé, qui serait celui de l'indéfiniment décroissant, ne peut y trouver sa représentation, bien qu'à un autre point de vue il y ait, comme nous le montrerons plus loin, une certaine corrélation et une sorte de symétrie entre la considération des quantités indéfiniment croissantes et celle des quantités indéfiniment décroissantes. Cependant, on ne s'en est pas tenu là, et on a été amené à considérer diverses sortes de nombres, autres que les nombres entiers ; ce sont là, dit-on habituellement, des extensions ou des généralisations de l'idée de nombre, et cela est vrai d'une certaine façon ; mais, en même temps, ces extensions en sont aussi des altérations, et c'est là ce que les mathématiciens modernes semblent oublier trop facilement, parce que leur « conventionnalisme » leur en fait méconnaître l'origine et la raison d'être. En fait, les nombres autres que les nombres entiers se présentent toujours, avant tout, comme la figuration du résultat d'opérations qui sont impossibles quand on s'en tient au point de vue de l'arithmétique pure, celle-ci n'étant en toute rigueur que l'arithmétique des nombres entiers : ainsi, par exemple, un nombre fractionnaire n'est pas autre chose que la représentation du résultat d'une division qui ne s'effectue pas exactement, c'est-à-dire en réalité d'une division que l'on doit dire arithmétiquement impossible, ce qu'on reconnaît d'ailleurs implicitement en disant, suivant la terminologie mathématique ordinaire, que l'un des deux nombres envisagés n'est pas divisible par l'autre. Il y a lieu de remarquer dès maintenant que la définition qu'on donne communément des nombres fractionnaires est absurde : les fractions ne peuvent aucunement être des « parties de l'unité », comme on le dit, car l'unité arithmétique véritable est nécessairement indivisible et sans parties ; et c'est d'ailleurs de là que résulte la discontinuité essentielle du nombre qui est formé à partir d'elle ; mais nous allons voir d'où provient cette absurdité.

En effet, ce n'est pas arbitrairement qu'on en vient à considérer ainsi le résultat des opérations dont nous venons de parler, au lieu de se borner à les regarder purement et simplement comme impossibles ; c'est, d'une façon générale, en conséquence de l'application qui est faite du nombre, quantité discontinue, à la mesure de grandeurs qui, comme les grandeurs spatiales par exemple, sont de l'ordre de la quantité continue. Entre ces modes de la quantité, il y a une différence de nature telle que la correspondance de l'un à l'autre ne saurait s'établir parfaitement ; pour y remédier jusqu'à un certain point, et autant du moins qu'il est possible, on cherche à réduire en quelque sorte les intervalles de ce discontinu qui est constitué par la série des nombres entiers, en introduisant entre ses termes d'autres nombres, et tout d'abord les nombres fractionnaires, qui n'auraient aucun sens en dehors de cette considération. Il est dès lors facile de comprendre que l'absurdité que nous signalions tout à l'heure, en ce qui concerne la définition des fractions, provient tout simplement d'une confusion entre l'unité arithmétique et ce qu'on appelle les « unités de mesure », unités qui ne sont telles que conventionnellement, et qui sont en réalité des grandeurs d'autre sorte que le nombre, notamment des grandeurs géométriques. L'unité de longueur, par exemple, n'est qu'une certaine longueur choisie pour des raisons étrangères à l'arithmétique, et à laquelle on fait correspondre le nombre 1 afin de pouvoir mesurer par rapport à elle toutes les autres longueurs ; mais, par sa nature même de grandeur continue, toute longueur, fût-elle représentée ainsi numériquement par l'unité, n'en est pas moins toujours et indéfiniment divisible ; on pourra donc, en lui comparant d'autres longueurs qui n'en seront pas des multiples exacts, avoir à considérer des parties de cette unité de mesure, mais qui ne seront aucunement pour cela des parties de l'unité arithmétique ; et c'est seulement ainsi que s'introduit réellement la considération des nombres fractionnaires, comme représentation de rapports entre des grandeurs qui ne sont pas exactement divisibles les unes par les autres. La mesure d'une grandeur n'est en effet pas autre chose que l'expression numérique de son rapport à une autre grandeur de même espèce prise comme unité de mesure, c'est-à-dire au fond comme terme de comparaison ; et c'est pourquoi la méthode ordinaire de mesure des grandeurs géométriques est essentiellement fondée sur la division.

Il faut dire d'ailleurs que, malgré cela, il subsiste toujours forcément quelque chose de la nature discontinue du nombre, qui ne permet pas qu'on obtienne ainsi un équivalent parfait du continu ; on peut réduire les intervalles autant qu'on le veut, c'est-à-dire en somme les réduire indéfiniment, en les rendant plus petits que toute quantité qu'on se sera donnée à l'avance, mais on n'arrivera jamais à les supprimer entièrement. Pour le faire mieux comprendre, nous prendrons l'exemple le plus simple d'un continu géométrique, c'est-à-dire une ligne droite : considérons une demi-droite s'étendant indéfiniment dans un certain sens[34], et convenons de faire correspondre à chacun de ses points le nombre qui exprime la distance de ce point à l'origine ; celle-ci sera représentée par zéro, sa distance à elle-même étant évidemment nulle ; à partir de cette origine, les nombres entiers correspondront aux extrémités successives de segments tous égaux entre eux et égaux à l'unité de longueur ; les points compris entre ceux-là ne pourront être représentés que par des nombres fractionnaires, puisque leurs distances à l'origine ne sont pas des multiples exacts de l'unité de longueur. Il va de soi que, à mesure qu'on prendra des nombres fractionnaires dont le dénominateur sera de plus en plus grand, donc dont la différence sera de plus en plus petite, les intervalles entre les points auxquels correspondront ces nombres se trouveront réduits dans la même proportion ; on peut ainsi faire décroître ces intervalles indéfiniment, théoriquement tout au moins, puisque les dénominateurs des nombres fractionnaires possibles sont tous les nombres entiers, dont la suite croît indéfiniment[35]. Nous disons théoriquement, parce que, en fait, la multitude des nombres fractionnaires étant indéfinie, on ne pourra jamais arriver à l'employer ainsi tout entière ; mais supposons cependant qu'on fasse correspondre idéalement tous les nombres fractionnaires possibles à des points de la demi-droite

---

[34] On verra par la suite, à propos de la représentation géométrique des nombres négatifs, pourquoi nous ne devons considérer ici qu'une demi-droite ; du reste, le fait que la série des nombres ne se développe que dans un seul sens, ainsi que nous le disions plus haut, suffit déjà à en indiquer la raison.

[35] Ceci sera encore précisé lorsque nous parlerons des nombres inverses.

considérée : malgré la décroissance indéfinie des intervalles, il restera encore sur cette ligne une multitude de points auxquels ne correspondra aucun nombre. Ceci peut sembler singulier et même paradoxal à première vue, et pourtant il est facile de s'en rendre compte, car un tel point peut être obtenu au moyen d'une construction géométrique fort simple : construisons le carré ayant pour côté le segment de droite dont les extrémités sont les points zéro et 1, et traçons celle des diagonales de ce carré qui part de l'origine, puis la circonférence ayant l'origine pour centre et cette diagonale pour rayon ; le point où cette circonférence coupe la demi-droite ne pourra être représenté par aucun nombre entier ou fractionnaire, puisque sa distance à l'origine est égale à la diagonale du carré et que celle-ci est incommensurable avec son côté, c'est-à-dire ici avec l'unité de longueur. Ainsi, la multitude des nombres fractionnaires, malgré la décroissance indéfinie de leurs différences, ne peut suffire encore à remplir, si l'on peut dire, les intervalles entre les points contenus dans la ligne[36], ce qui revient à dire que cette multitude n'est pas un équivalent réel et adéquat du continu linéaire ; on est donc forcé, pour exprimer la mesure de certaines longueurs, d'introduire encore d'autres sortes de nombres, qui sont ce qu'on appelle les nombres incommensurables, c'est-à-dire ceux qui n'ont pas de commune mesure avec l'unité. Tels sont les nombres irrationnels, c'est-à-dire ceux qui représentent le

---

[36] Il importe de remarquer que nous ne disons pas les points qui composent ou qui constituent la ligne, ce qui répondrait à une conception fausse du continu, ainsi que le montreront les considérations que nous exposerons plus loin.

résultat d'une extraction de racine arithmétiquement impossible, par exemple la racine carrée d'un nombre qui n'est pas un carré parfait ; c'est ainsi que, dans l'exemple précédent, le rapport de la diagonale du carré à son côté, et par suite le point dont la distance à l'origine est égale à cette diagonale, ne peuvent être représentés que par le nombre irrationnel 2 , qui est bien véritablement incommensurable, car il n'existe aucun nombre entier ou fractionnaire dont le carré soit égal à 2 ; et, outre ces nombres irrationnels, il y a encore d'autres nombres incommensurables dont l'origine géométrique est évidente, comme, par exemple, le nombre π qui représente le rapport de la circonférence à son diamètre.

Sans entrer encore dans la question de la « composition du continu », on voit donc que le nombre, quelque extension qu'on donne à sa notion, ne lui est jamais parfaitement applicable : cette application revient en somme toujours à remplacer le continu par un discontinu dont les intervalles peuvent être très petits, et même le devenir de plus en plus par une série indéfinie de divisions successives, mais sans jamais pouvoir être supprimés, car, en réalité, il n'y a pas de « derniers éléments » auxquels ces divisions puissent aboutir, une quantité continue, si petite qu'elle soit, demeurant toujours indéfiniment divisible. C'est à ces divisions du continu que répond proprement la considération des nombres fractionnaires ; mais, et c'est là ce qu'il importe particulièrement de remarquer, une fraction, si infime qu'elle soit, est toujours une quantité déterminée, et entre deux fractions, si peu différentes l'une de l'autre qu'on les suppose, il y a toujours un intervalle également déterminé. Or la propriété de divisibilité indéfinie qui caractérise les grandeurs continues exige évidemment qu'on puisse toujours y prendre des éléments aussi petits qu'on le veut, et que les intervalles qui existent entre ces éléments puissent aussi être rendus moindres que toute quantité donnée ; mais en outre, et c'est ici qu'apparaît l'insuffisance des nombres fractionnaires, et nous pouvons même dire de tout nombre quel qu'il soit, ces éléments et ces intervalles, pour qu'il y ait réellement continuité, ne doivent pas être conçus comme quelque chose de déterminé. Par suite, la représentation la plus parfaite de la quantité continue sera obtenue par la considération de grandeurs, non plus fixes et déterminées comme celles dont nous venons de parler, mais au contraire variables, parce qu'alors leur variation pourra elle-même être regardée comme s'effectuant d'une façon continue ; et ces quantités devront être susceptibles de décroître indéfiniment, par leur variation, sans jamais s'annuler ni parvenir à un « minimum », qui ne serait pas moins contradictoire que les « derniers éléments » du continu : c'est là précisément, comme nous le verrons, la véritable notion des quantités infinitésimales.

CHAPITRE V

QUESTIONS SOULEVÉES PAR LA MÉTHODE INFINITÉSIMALE

Quand Leibnitz donna le premier exposé de la méthode infinitésimale[37], et même encore dans plusieurs autres travaux qui suivirent[38], il insista surtout sur les usages et les applications du nouveau calcul, ce qui était assez conforme à la tendance moderne à attribuer plus d'importance aux applications pratiques de la science qu'à la science elle-même comme telle ; il serait d'ailleurs difficile de dire si cette tendance existait vraiment chez Leibnitz, ou s'il n'y avait, dans cette façon de présenter sa méthode, qu'une sorte de concession de sa part. Quoi qu'il en soit, il ne suffit certes pas, pour justifier une méthode, de montrer les avantages qu'elle peut avoir sur les autres méthodes antérieurement admises, et les commodités qu'elle peut fournir pratiquement pour le calcul, ni même les résultats qu'elle a pu donner en fait ; c'est ce que les adversaires de la méthode infinitésimale ne manquèrent pas

---

[37] *Nova Methodus pro maximis et minimis, itemque tangentibus, quæ nec fractas nec irrationales quantitates moratur, et singulare pro illis calculi genus*, dans les *Acta Eruditorum* de Leipzig, 1684.

[38] *De Geometria recondita et Analysi indivisibilium atque infinitorum*, 1686. – Les travaux suivants se rapportent tous à la solution de problèmes particuliers.

de faire valoir, et ce sont seulement leurs objections qui décidèrent Leibnitz à s'expliquer sur les principes, et même sur les origines de sa méthode. Sur ce dernier point, il est d'ailleurs fort possible qu'il n'ait jamais tout dit, mais cela importe peu au fond, car, bien souvent, les causes occasionnelles d'une découverte ne sont que des circonstances assez insignifiantes en elles-mêmes ; en tout cas, tout ce qu'il y a à retenir d'intéressant pour nous dans les indications qu'il donne à ce sujet[39], c'est qu'il est parti de la considération des différences « assignables » qui existent entre les nombres, pour passer de là aux différences « inassignables » qui peuvent être conçues entre les grandeurs géométriques en raison de leur continuité, et qu'il attachait même à cet ordre une grande importance, comme étant en quelque sorte « exigé par la nature des choses ». Il résulte de là que les quantités infinitésimales, pour lui, ne se présentent pas naturellement à nous d'une façon immédiate, mais seulement comme un résultat du passage de la variation de la quantité discontinue à celle de la quantité continue, et de l'application de la première à la mesure de la seconde.

Maintenant, quelle est exactement la signification de ces quantités infinitésimales qu'on a reproché à Leibnitz d'employer sans avoir préalablement défini ce qu'il entendait par là, et cette signification lui permettait-elle de regarder son calcul comme absolument rigoureux, ou seulement, au

---

[39] Dans sa correspondance d'abord, et ensuite dans *Historia et origo Calculi differentiali*, 1714.

contraire, comme une simple méthode d'approximation ? Répondre à ces deux questions, ce serait résoudre par là même les objections les plus importantes qui lui aient été adressées ; mais, malheureusement, il ne l'a jamais fait très nettement, et même ses diverses réponses ne semblent pas toujours parfaitement conciliables entre elles. À ce propos, il est bon de remarquer que Leibnitz avait du reste, d'une façon générale, habitude d'expliquer différemment les mêmes choses suivant les personnes à qui il s'adressait ; ce n'est certes pas nous qui lui ferions grief de cette façon d'agir, irritante seulement pour les esprits systématiques, car, en principe, il ne faisait en cela que se conformer à un précepte initiatique et plus particulièrement rosicrucien, suivant lequel il convient de parler à chacun son propre langage ; seulement, il lui arrivait parfois de l'appliquer assez mal. En effet, s'il est évidemment possible de revêtir une même vérité de différentes expressions, il est bien entendu que cela doit se faire sans jamais la déformer ni l'amoindrir, et qu'il faut toujours s'abstenir soigneusement de toute façon de parler qui pourrait donner lieu à des conceptions fausses ; c'est là ce que Leibnitz n'a pas su faire dans bien des cas[40]. Ainsi, il pousse l'« accommodation » jusqu'à sembler parfois donner raison à ceux qui n'ont voulu voir dans son calcul qu'une méthode d'approximation, car il lui arrive de le présenter comme n'étant pas autre chose qu'une sorte d'abrégé de la

---

[40] En langage rosicrucien, on dirait que cela, tout autant et même plus encore que l'échec de ses projets de « *characteristica universalis* », prouve que, s'il avait quelque idée théorique de ce qu'est le « don des langues », il était pourtant loin de l'avoir reçu effectivement.

« méthode d'exhaustion » des anciens, propre à faciliter les découvertes, mais dont les résultats doivent être ensuite vérifiés par cette méthode si l'on veut en donner une démonstration rigoureuse ; et pourtant il est bien certain que ce n'était pas là le fond de sa pensée, et que, en réalité, il y voyait bien plus qu'un simple expédient destiné à abréger les calculs.

Leibnitz déclare fréquemment que les quantités infinitésimales ne sont que des « incomparables », mais, pour ce qui est du sens précis dans lequel ce mot doit être entendu, il lui est arrivé d'en donner une explication non seulement peu satisfaisante, mais même fort regrettable, car elle ne pouvait que fournir des armes à ses adversaires, qui d'ailleurs ne manquèrent pas de s'en servir ; là encore, il n'a certainement pas exprimé sa véritable pensée, et nous pouvons y voir un autre exemple, encore plus grave que le précédent, de cette « accommodation » excessive qui fait substituer des vues erronées à une expression « adaptée » de la vérité. En effet, Leibnitz écrivit ceci : « On n'a pas besoin de prendre l'infini ici à la rigueur, mais seulement comme lorsqu'on dit dans l'optique que les rayons du soleil viennent d'un point infiniment éloigné et ainsi sont estimés parallèles. Et quand il y a plusieurs degrés d'infini ou d'infiniment petit, c'est comme le globe de la terre est estimé un point à l'égard de la distance des fixes, et une boule que nous manions est encore un point en comparaison du semi-diamètre du globe de la terre, de sorte que la distance des fixes est comme un infini de l'infini par rapport au diamètre de la boule. Car au lieu de l'infini ou de l'infiniment petit, on prend des quantités aussi grandes et aussi petites qu'il faut pour que l'erreur soit moindre que l'erreur donnée, de sorte qu'on ne diffère du style d'Archimède que dans les expressions qui sont plus directes dans notre méthode, et plus conformes à l'art d'inventer »[41]. On ne manqua pas de faire remarquer à Leibnitz que, si petit que soit le globe de la terre par rapport au firmament, ou un grain de sable par rapport au globe de la terre, ce n'en sont pas moins des quantités fixes et déterminées, et que, si une de ces quantités peut être regardée comme pratiquement négligeable en comparaison de l'autre, il n'y a pourtant là qu'une simple approximation ; il répondit qu'il avait seulement voulu « éviter les subtilités » et « rendre le raisonnement sensible à tout le monde »[42], ce qui confirme bien notre interprétation, et ce qui, au surplus, est déjà comme une manifestation de la tendance « vulgarisatrice » des savants modernes. Ce qui est assez extraordinaire, c'est qu'il ait pu écrire ensuite : « Au moins n'y avait-il pas la moindre chose qui dût faire juger que j'entendais une quantité très petite à la vérité, mais toujours fixe et déterminée », à quoi il ajoute : « Au reste, j'avais écrit il y a déjà quelques années à M. Bernoulli de Groningue que les infinis et infiniment petits pourraient être pris pour des fictions, semblables aux racines imaginaires[43], sans que cela

---

[41] *Mémoire de M. G. G. Leibniz touchant son sentiment sur le Calcul différentiel*, dans le *Journal de Trévoux*, 1701.
[42] Lettre à Varignon, 2 février 1702.
[43] Les racines imaginaires sont les racines des nombres négatifs ; nous parlerons plus loin de la question des nombres négatifs et des difficultés logiques auxquelles

dût faire tort à notre calcul, ces fictions étant utiles et fondées en réalité »[44]. D'ailleurs, il semble bien qu'il n'ait jamais vu exactement en quoi la comparaison dont il s'était servi était fautive, car il la reproduit encore dans les mêmes termes une dizaine d'années plus tard[45] ; mais, puisque du moins il déclare expressément que son intention n'a pas été de présenter les quantités infinitésimales comme déterminées, nous devons en conclure que, pour lui, le sens de cette comparaison se réduit à ceci : un grain de sable, bien que n'étant pas infiniment petit, peut cependant, sans inconvénient appréciable, être considéré comme tel par rapport à la terre, et ainsi il n'y a pas besoin d'envisager des infiniment petits « à la rigueur », qu'on peut même, si l'on veut, ne regarder que comme des fictions ; mais, qu'on l'entende comme on voudra, une telle considération n'en est pas moins manifestement impropre à donner du calcul infinitésimal une autre idée que celle, assurément insuffisante aux yeux de Leibnitz lui-même, d'un simple calcul d'approximation.

---

elle donne lieu.

[44] Lettre à Varignon, 14 avril 1702.

[45] Mémoire déjà cité plus haut, dans les *Acta Eruditorum* de Leipzig, 1712.

Chapitre VI

LES « FICTIONS BIEN FONDÉES »

La pensée que Leibnitz exprime de la façon la plus constante, bien qu'il ne l'affirme pas toujours avec la même force, et que même parfois, mais exceptionnellement, il semble ne pas vouloir se prononcer catégoriquement à cet égard, c'est que, au fond, les quantités infinies et infiniment petites ne sont que des fictions ; mais, ajoute-t-il, ce sont des « fictions bien fondées », et, par là, il n'entend pas simplement qu'elles sont utiles pour le calcul[46], ou même pour faire « trouver des vérités réelles », bien qu'il lui arrive d'insister également sur cette utilité ; mais il répète constamment que ces fictions sont « fondées en réalité », qu'elles ont « *fundamentum in re* », ce qui implique évidemment quelque chose de plus qu'une valeur purement utilitaire ; et, en définitive, cette valeur elle-même doit, pour lui, s'expliquer par le fondement que ces fictions ont dans la réalité. En tout cas, il estime qu'il suffit, pour que la méthode soit sûre, d'envisager, non pas des quantités infinies et infiniment petites au sens rigoureux de ces expressions,

---

[46] C'est dans cette considération d'utilité pratique que Carnot a cru trouver une justification suffisante ; il est évident que, de Leibnitz à lui, la tendance « pragmatiste » de la science moderne s'était déjà fortement accentuée.

puisque ce sens rigoureux ne correspond pas à des réalités, mais des quantités aussi grandes ou aussi petites qu'on le veut, ou qu'il est nécessaire pour que l'erreur soit rendue moindre que n'importe quelle quantité donnée ; encore faudrait-il examiner s'il est vrai que, comme il le déclare, cette erreur est nulle par là même, c'est-à-dire si cette façon d'envisager le calcul infinitésimal lui donne un fondement parfaitement rigoureux, mais nous aurons à revenir plus tard sur cette question. Quoi qu'il en soit de ce dernier point, les énoncés où figurent les quantités infinies et infiniment petites rentrent pour lui dans la catégorie des assertions qui, dit-il, ne sont que « *toleranter verae* », ou ce qu'on appellerait en français « passables », et qui ont besoin d'être « redressées » par l'explication qu'on en donne, de même que lorsqu'on regarde les quantités négatives comme « plus petites que zéro », et que dans bien d'autres cas où le langage des géomètres implique « une certaine façon de parler figurée et cryptique »[47] ; ce dernier mot semblerait être une allusion au sens symbolique et profond de la géométrie, mais celui-ci est tout autre chose que ce que Leibnitz a en vue, et peut-être n'y a-t-il là, comme il arrive assez souvent chez lui, que le souvenir de quelque donnée ésotérique plus ou moins mal comprise.

Quant au sens dans lequel il faut entendre que les quantités infinitésimales sont des « fictions bien fondées », Leibnitz déclare que « les infinis et infiniment petits sont tellement fondés que tout se fait dans la géométrie, et même dans la

---

[47] Mémoire déjà cité, dans les *Acta Eruditorum* de Leipzig, 1712.

nature, comme si c'étaient de parfaites réalités »[48] ; pour lui, en effet, tout ce qui existe dans la nature implique en quelque façon la considération de l'infini, ou du moins de ce qu'il croit pouvoir appeler ainsi : « La perfection de l'analyse des transcendantes ou de la géométrie où il entre la considération de quelque infini, dit-il, serait sans doute la plus importante à cause de l'application qu'on en peut faire aux opérations de la nature, qui fait entrer l'infini en tout ce qu'elle fait »[49] ; mais c'est peut-être seulement, il est vrai, parce que nous ne pouvons pas en avoir des idées adéquates, et parce qu'il y entre toujours des éléments que nous ne percevons pas tous distinctement. S'il en est ainsi, il ne faudrait pas prendre trop littéralement des assertions comme celle-ci par exemple : « Notre méthode étant proprement cette partie de la mathématique générale qui traite de l'infini, c'est ce qui fait qu'on en a fort besoin en appliquant les mathématiques à la physique, parce que le caractère de l'Auteur infini entre ordinairement dans les opérations de la nature »[50]. Mais, si même Leibnitz entend seulement par là que la complexité des choses naturelles dépasse incomparablement les bornes de notre perception distincte, il n'en reste pas moins que les quantités infinies et infiniment petites doivent avoir leur « *fundamentum in re* » ; et ce fondement qui se trouve dans la nature des choses, du moins de la façon dont elle est conçue par lui, ce n'est pas autre chose que ce qu'il appelle la « loi de

---

[48] Lettre déjà citée à Varignon, 2 février 1702.
[49] Lettre au marquis de l'Hospital, 1693.
[50] *Considérations sur la différence qu'il y a entre l'Analyse ordinaire et le nouveau Calcul des transcendantes*, dans le *Journal des Sçavans*, 1694.

continuité », que nous aurons à examiner un peu plus loin, et qu'il regarde, à tort ou à raison, comme n'étant en somme qu'un cas particulier d'une certaine « loi de justice », qui elle-même se rattache en définitive à la considération de l'ordre et de l'harmonie, et qui trouve également son application toutes les fois qu'une certaine symétrie doit être observée, ainsi que cela arrive par exemple dans les combinaisons et permutations.

Maintenant, si les quantités infinies et infiniment petites ne sont que des fictions, et même en admettant que celles-ci soient réellement « bien fondées », on peut se demander ceci : pourquoi employer de telles expressions, qui, même si elles peuvent être regardées comme « *toleranter verae* », n'en sont pas moins incorrectes ? Il y a là quelque chose qui présage déjà, pourrait-on dire, le « conventionalisme » de la science actuelle, bien qu'avec cette notable différence que celui-ci ne se préoccupe plus aucunement de savoir si les fictions auxquelles il a recours sont fondées ou non, ou, suivant une autre expression de Leibnitz, si elles peuvent être interprétées « *sano sensu* », ni même si elles ont une signification quelconque. Puisqu'on peut d'ailleurs se passer de ces quantités fictives, et se contenter d'envisager à leur place des quantités que l'on peut simplement rendre aussi grandes et aussi petites qu'on le veut, et qui, pour cette raison, peuvent être dites indéfiniment grandes et indéfiniment petites, il aurait sans doute mieux valu commencer par là, et éviter ainsi d'introduire des fictions qui, quel que puisse être d'ailleurs leur « *fundamentum in re* », ne sont en somme d'aucun usage effectif, non seulement pour le calcul, mais pour la méthode infinitésimale elle-même. Les expressions d'« indéfiniment grand » et « indéfiniment petit », ou, ce qui revient au même, mais est peut-être encore plus précis, d'« indéfiniment croissant » et « indéfiniment décroissant », n'ont pas seulement l'avantage d'être les seules qui soient rigoureusement exactes ; elles ont encore celui de montrer clairement que les quantités auxquelles elles s'appliquent ne peuvent être que des quantités variables et non déterminées. Comme l'a dit avec raison un mathématicien, « l'infiniment petit n'est pas une quantité très petite, ayant une valeur actuelle, susceptible de détermination ; son caractère est d'être éminemment variable et de pouvoir prendre une valeur moindre que toutes celles qu'on voudrait préciser ; il serait beaucoup mieux nommé indéfiniment petit »[51].

L'emploi de ces termes aurait évité bien des difficultés et bien des discussions, et il n'y a rien d'étonnant à cela, car ce n'est pas là une simple question de mots, mais c'est le remplacement d'une idée fausse par une idée juste, d'une fiction par une réalité ; il n'aurait pas permis, notamment, de prendre les quantités infinitésimales pour des quantités fixes et déterminées, car le mot « indéfini » comporte toujours par

---

[51] Ch. de Freycinet, *De l'Analyse infinitésimale*, pp. 21-22. – L'auteur ajoute : « Mais la première appellation (celle d'infiniment petit) ayant prévalu dans le langage, nous avons cru devoir la conserver. » C'est assurément là un scrupule bien excessif, car l'usage ne peut suffire à justifier les incorrections et les impropriétés du langage, et, si l'on n'osait jamais s'élever contre des abus de ce genre, on ne pourrait même pas chercher à introduire dans les termes plus d'exactitude et de précision que n'en comporte leur emploi courant.

lui-même une idée de « devenir » comme nous le disions plus haut, et par conséquent de changement ou, quand il s'agit de quantités, de variation ; et, si Leibnitz s'en était habituellement servi, il ne se serait sans doute pas laissé entraîner si facilement à la fâcheuse comparaison du grain de sable. Au surplus, réduire « *infinite parva ad indefinite parva* » eût été en tout cas plus clair que de les réduire « *ad incomparabiliter parva* » ; la précision y aurait gagné, sans que l'exactitude eût rien à y perdre, bien au contraire. Les quantités infinitésimales sont assurément « incomparables » aux quantités ordinaires, mais cela pourrait s'entendre de plus d'une façon, et on l'a effectivement entendu assez souvent en d'autres sens que celui où il l'aurait fallu ; il est mieux de dire qu'elles sont « inassignables », suivant une autre expression de Leibnitz, car ce terme paraît bien ne pouvoir s'entendre rigoureusement que de quantités qui sont susceptibles de devenir aussi petites qu'on le veut, c'est-à-dire plus petites que toute quantité donnée, et auxquelles on ne peut, par conséquent, « assigner » aucune valeur déterminée, quelque petite qu'elle soit, et c'est bien là en effet le sens des « *indefinite parva* ». Malheureusement, il est à peu près impossible de savoir si, dans la pensée de Leibnitz, « incomparable » et « inassignable » sont vraiment et complètement synonymes ; mais, en tout cas, il est tout au moins certain qu'une quantité proprement « inassignable », en raison de la possibilité de décroissance indéfinie qu'elle comporte, est par là même « incomparable » avec toute quantité donnée, et même, pour étendre cette idée aux différents ordres infinitésimaux, avec toute quantité par rapport à laquelle elle peut décroître indéfiniment, tandis que cette même quantité est regardée comme possédant une fixité au moins relative.

S'il est un point sur lequel tout le monde peut en somme se mettre facilement d'accord, même sans approfondir davantage les questions de principes, c'est que la notion de l'indéfiniment petit, au point de vue purement mathématique tout au moins, suffit parfaitement à l'analyse infinitésimale, et les « infinitistes » eux-mêmes le reconnaissent sans grande peine[52]. On peut donc, à cet égard, s'en tenir à une définition comme celle de Carnot : « Qu'est-ce qu'une quantité dite infiniment petite en mathématiques ? Rien autre chose qu'une quantité que l'on peut rendre aussi petite qu'on le veut, sans qu'on soit obligé pour cela de faire varier celles dont on cherche la relation »[53]. Mais, pour ce qui est de la signification véritable des quantités infinitésimales, toute la question ne se borne pas là : peu importe, pour le calcul, que les infiniment petits ne soient que des fictions, puisqu'on peut se contenter de la considération des indéfiniment petits, qui ne soulève aucune difficulté logique ; et d'ailleurs, dès lors que, pour les raisons métaphysiques que nous avons exposées

---

[52] Voir notamment L. Couturat, *De l'infini mathématique*, p. 265, note : « On peut constituer logiquement le calcul infinitésimal sur la seule notion de l'indéfini… » – Il est vrai que l'emploi du mot « logiquement » implique ici une réserve, car, pour l'auteur, il s'oppose à « rationnellement », ce qui est du reste une terminologie assez étrange ; l'aveu n'en est pas moins intéressant à retenir.

[53] *Réflexions sur la Métaphysique du Calcul infinitésimal*, p. 7, note ; cf. *ibid.*, p. 20. – Le titre de cet ouvrage est fort peu justifié, car, en réalité, il ne s'y trouve pas la moindre idée d'ordre métaphysique.

au début, nous ne pouvons admettre un infini quantitatif, que ce soit un infini de grandeur ou de petitesse[54], ni aucun infini d'un ordre déterminé et relatif quelconque, il est bien certain que ce ne peuvent être en effet que des fictions et rien d'autre ; mais, si ces fictions ont été introduites, à tort ou à raison, à l'origine du calcul infinitésimal, c'est que, dans l'intention de Leibnitz, elles devaient tout de même correspondre à quelque chose, si défectueuse que soit la façon dont elles l'exprimaient. Puisque c'est des principes que nous nous occupons ici, et non pas d'un procédé de calcul réduit en quelque sorte à lui-même, ce qui serait sans intérêt pour nous, nous devons donc nous demander quelle est au juste la valeur de ces fictions, non pas seulement au point de vue logique, mais encore au point de vue ontologique, si elles sont aussi « bien fondées » que le croyait Leibnitz, et si même nous pouvons dire avec lui qu'elles sont « *toleranter verae* » et les accepter tout au moins comme telles, « *modo sano sensu intelligantur* » ; pour répondre à ces questions, il nous faudra examiner de plus près sa conception de la « loi de continuité », puisque c'est dans celle-ci qu'il pensait trouver le « *fundamentum in re* » des infiniment petits.

---

[54] La trop célèbre conception des « deux infinis » de Pascal est métaphysiquement absurde, et elle n'est encore que le résultat d'une confusion de l'infini avec l'indéfini, celui-ci étant pris dans les deux sens opposés des grandeurs croissantes et décroissantes.

CHAPITRE VII

LES « DEGRÉS D'INFINITÉ »

Nous n'avons pas encore eu l'occasion de voir, dans ce qui précède, toutes les confusions qui s'introduisent inévitablement quand on admet l'idée de l'infini dans des acceptions différentes de son seul sens véritable et proprement métaphysique ; on en trouverait plus d'un exemple, notamment, dans la longue discussion qu'eut Leibnitz avec Jean Bernoulli sur la réalité des quantités infinies et infiniment petites, discussion qui d'ailleurs n'aboutit à aucune conclusion définitive, et qui ne le pouvait pas, du fait de ces confusions mêmes commises à chaque instant par l'un aussi bien que par l'autre, et du défaut de principes dont elles procédaient ; du reste, dans quelque ordre d'idées qu'on se place, c'est toujours en somme le défaut de principes qui seul rend les questions insolubles. On peut s'étonner, entre autres choses, que Leibnitz ait fait une différence entre « infini » et « interminé », et qu'ainsi il n'ait pas rejeté absolument l'idée, pourtant manifestement contradictoire, d'un « infini terminé », si bien qu'il va jusqu'à se demander « s'il est possible qu'il existe par exemple une ligne droite infinie, et cependant terminée de part et d'autre »[55]. Sans doute, il répugne à admettre cette possibilité, « d'autant qu'il m'a paru, dit-il ailleurs, que l'infini pris à la rigueur doit avoir sa source dans l'interminé, sans quoi je ne vois pas moyen de trouver un fondement propre à le distinguer du fini »[56]. Mais, si même on dit, d'une façon plus affirmative qu'il ne le fait, que « l'infini a sa source dans l'interminé », c'est encore qu'on ne le considère pas comme lui étant absolument identique, qu'on l'en distingue dans une certaine mesure ; et, tant qu'il en est ainsi, on risque de se trouver arrêté par une foule d'idées étranges et contradictoires. Ces idées, Leibnitz déclare, il est vrai, qu'il ne les admettrait pas volontiers, et qu'il faudrait qu'il y fût « forcé par des démonstrations indubitables » ; mais il est déjà assez grave d'y attacher une certaine importance, et même de pouvoir les envisager autrement que comme de pures impossibilités ; en ce qui concerne, par exemple, l'idée d'une sorte d'« éternité terminée », qui est parmi celles qu'il énonce à ce propos, nous ne pouvons y voir que le produit d'une confusion entre la notion de l'éternité et celle de la durée, qui est absolument injustifiable au regard de la métaphysique. Nous admettons fort bien que le temps dans lequel s'écoule notre vie corporelle soit réellement indéfini, ce qui n'exclut en aucune façon qu'il soit « terminé de part et d'autre », c'est-à-dire qu'il ait à la fois une origine et une fin, conformément à la conception cyclique traditionnelle ; nous admettons aussi qu'il existe d'autres modes de durée, comme celui que les

---

[55] Lettre à Jean Bernoulli, 18 novembre 1698.
[56] Lettre déjà citée à Varignon, 2 février 1702.

scolastiques appelaient *aevum*, dont l'indéfinité est, si l'on peut s'exprimer ainsi, indéfiniment plus grande que celle de ce temps ; mais tous ces modes, dans toute leur extension possible, ne sont cependant qu'indéfinis, puisqu'il s'agit toujours de conditions particulières d'existence, propres à tel ou tel état, et aucun d'eux, par là même qu'il est une durée, c'est-à-dire qu'il implique une succession, ne peut être identifié ou assimilé à l'éternité, avec laquelle il n'a réellement pas plus de rapport que le fini, sous quelque mode que ce soit, n'en a avec l'Infini véritable, car la conception d'une éternité relative n'a pas plus de sens que celle d'une infinité relative. En tout ceci, il n'y a lieu d'envisager que divers ordres d'indéfinité, ainsi qu'on le verra encore mieux par la suite ; mais Leibnitz, faute d'avoir fait les distinctions nécessaires et essentielles, et surtout d'avoir posé avant tout le principe qui seul lui aurait permis de ne jamais s'égarer, se trouve fort embarrassé pour réfuter les opinions de Bernoulli, qui le croit même, tellement ses réponses sont équivoques et hésitantes, moins éloigné qu'il ne l'est en réalité de ses propres idées sur l'« infinité des mondes » et les différents « degrés d'infinité ».

Cette conception des prétendus « degrés d'infinité » revient en somme à supposer qu'il peut exister des mondes incomparablement plus grands et plus petits que le nôtre, les parties correspondantes de chacun d'eux gardant entre elles des proportions équivalentes, de telle sorte que les habitants de l'un quelconque de ces mondes pourraient le regarder comme infini avec autant de raison que nous le faisons à l'égard du nôtre ; nous dirions plutôt, pour notre part, avec aussi peu de raison. Une telle façon d'envisager les choses n'aurait *a priori* rien d'absurde sans l'introduction de l'idée de l'infini, qui n'a certes rien à y voir : chacun de ces mondes, si grand qu'on le suppose, n'en est pas moins limité, et alors comment peut-on le dire infini ? La vérité est qu'aucun d'eux ne peut l'être réellement, ne serait-ce que parce qu'ils sont conçus comme multiples, car nous revenons encore ici à la contradiction d'une pluralité d'infinis ; et d'ailleurs, s'il arrive à certains et même à beaucoup de considérer notre monde comme tel, il n'en est pas moins vrai que cette assertion ne peut offrir aucun sens acceptable. Du reste, on peut se demander si ce sont bien là des mondes différents, ou si ce ne sont pas plutôt, tout simplement, des parties plus ou moins étendues d'un même monde, puisque, par hypothèse, ils doivent être tous soumis aux mêmes conditions d'existence, et notamment à la condition spatiale, se développant à une échelle simplement agrandie ou diminuée. C'est en un tout autre sens que celui-là qu'on peut parler véritablement, non point de l'infinité, mais de l'indéfinité des mondes, et c'est seulement parce que, en dehors des conditions d'existence, telles que l'espace et le temps, qui sont propres à notre monde envisagé dans toute l'extension dont il est susceptible, il y en a une indéfinité d'autres également possibles ; un monde, c'est-à-dire en somme un état d'existence, se définira ainsi par l'ensemble des conditions auxquelles il est soumis ; mais, par là même qu'il sera toujours conditionné, c'est-à-dire déterminé et limité, et que dès lors il ne comprendra pas toutes les possibilités, il ne pourra jamais être regardé comme infini, mais seulement comme indéfini[57].

Au fond, la considération des « mondes » au sens où l'entend Bernoulli, incomparablement plus grands et plus petits les uns par rapport aux autres, n'est pas extrêmement différente de celle à laquelle Leibnitz a recours quand il envisage « le firmament par rapport à la terre, et la terre par rapport à un grain de sable », et celui-ci par rapport à « une parcelle de matière magnétique qui passe à travers du verre ». Seulement, Leibnitz ne prétend pas parler ici de « *gradus infinitatis* » au sens propre ; il entend même montrer au contraire par là qu'« on n'a pas besoin de prendre l'infini ici à la rigueur », et il se contente d'envisager des « incomparables », ce contre quoi on ne peut rien lui objecter logiquement. Le défaut de sa comparaison est d'un tout autre ordre, et il consiste, comme nous l'avons déjà dit, en ce qu'elle ne pouvait donner qu'une idée inexacte, voire même tout à fait fausse, des quantités infinitésimales telles qu'elles s'introduisent dans le calcul. Nous aurons par la suite l'occasion de substituer à cette considération celle des véritables degrés multiples d'indéfinité, pris tant dans l'ordre croissant que dans l'ordre décroissant ; nous n'y insisterons donc pas davantage pour le moment.

En somme, la différence entre Bernoulli et Leibnitz, c'est que, pour le premier, il s'agit véritablement de « degrés d'infinité », bien qu'il ne les donne que pour une conjecture

---

[57] Voir à ce sujet *Les États multiples de l'être*.

probable, tandis que le second, doutant de leur probabilité et même de leur possibilité, se borne à les remplacer par ce qu'on pourrait appeler des « degrés d'incomparabilité ». À part cette différence, d'ailleurs fort importante assurément, la conception d'une série de mondes semblables entre eux, mais à des échelles différentes, leur est commune ; cette conception n'est pas sans avoir un certain rapport, au moins occasionnel, avec les découvertes dues à l'emploi du microscope, à la même époque, et avec certaines vues qu'elles suggérèrent alors, mais qui ne furent aucunement justifiées par les observations ultérieures, comme la théorie de l'« emboîtement des germes » : il n'est pas vrai que, dans le germe, l'être vivant soit actuellement et corporellement « préformé » dans toutes ses parties, et l'organisation d'une cellule n'a aucune ressemblance avec celle de l'ensemble du corps dont elle est un élément. Pour ce qui est de Bernoulli tout au moins, il ne semble pas douteux que ce soit bien là, en fait, l'origine de sa conception ; il dit en effet, entre autres choses très significatives à cet égard, que les particules d'un corps coexistent dans le tout « comme, selon Harvey et d'autres, mais non selon Leuwenhœck, il y a dans un animal d'innombrables ovules, dans chaque ovule un animalcule ou plusieurs, dans chaque animalcule encore d'innombrables ovules, et ainsi à l'infini »[58]. Quant à Leibnitz, il y a vraisemblablement chez lui quelque chose de tout autre au point de départ : ainsi, l'idée que tous les astres que nous voyons pourraient n'être que des éléments du corps d'un être

---

[58] Lettre du 23 juillet 1698.

incomparablement plus grand que nous rappelle la conception du « Grand Homme » de la Kabbale, mais singulièrement matérialisée et « spatialisée », par une sorte d'ignorance de la véritable valeur analogique du symbolisme traditionnel ; de même, l'idée de l'« animal », c'est-à-dire de l'être vivant, subsistant corporellement après la mort, mais « réduit en petit », est manifestement inspirée de la conception du *luz* ou « noyau d'immortalité » suivant la tradition judaïque [59], conception que Leibnitz déforme également en la mettant en rapport avec celle de mondes incomparablement plus petits que le nôtre, car, dit-il, « rien n'empêche que les animaux en mourant soient transférés dans de tels mondes ; je pense en effet que la mort n'est rien d'autre qu'une contraction de l'animal, de même que la génération n'est rien d'autre qu'une évolution »[60], ce dernier mot étant pris ici simplement dans son sens étymologique de « développement ». Tout cela n'est, au fond, qu'un exemple du danger qu'il y a à vouloir faire concorder des notions traditionnelles avec les vues de la science profane, ce qui ne peut se faire qu'au détriment des premières ; celles-ci étaient assurément bien indépendantes des théories suscitées par les observations microscopiques, et Leibnitz, en rapprochant et en mêlant les unes et les autres, agissait déjà comme devaient le faire plus tard les occultistes, qui se plaisent tout spécialement à ces sortes de rapprochements injustifiés. D'autre part, la superposition des

---

[59] Voir *Le Roi du Monde*, pp. 87-89.
[60] Lettre déjà citée à Jean Bernoulli, 18 novembre 1698.

« incomparables » d'ordres différents lui paraissait conforme à sa conception du « meilleur des mondes », comme fournissant un moyen d'y placer, suivant la définition qu'il en donne, « tout autant d'être ou de réalité qu'il est possible » ; et cette idée du « meilleur des mondes » provient encore, elle aussi, d'une autre donnée traditionnelle mal appliquée, donnée empruntée à la géométrie symbolique des Pythagoriciens, ainsi que nous l'avons déjà indiqué ailleurs[61] : la circonférence est, de toutes les lignes d'égale longueur, celle qui enveloppe la surface maxima, et de même la sphère est, de tous les corps d'égale surface, celui qui contient le volume maximum, et c'est là une des raisons pour lesquelles ces figures étaient regardées comme les plus parfaites ; mais, s'il y a à cet égard un maximum, il n'y a pas de minimum, c'est-à-dire qu'il n'existe pas de figures enfermant une surface ou un volume moindre que toutes les autres, et c'est pourquoi Leibnitz a été amené à penser que, s'il y a un « meilleur des mondes », il n'y a pas un « pire des mondes », c'est-à-dire un monde contenant moins d'être que tout autre monde possible. On sait d'ailleurs que c'est à cette conception du « meilleur des mondes », en même temps qu'à celle des « incomparables », que se rattachent ses comparaisons bien connues du « jardin plein de plantes » et de l'« étang rempli de poissons », où « chaque rameau de la plante, chaque membre de l'animal, chaque goutte de ses humeurs est encore

---

[61] *Le Symbolisme de la Croix*, p. 58. – Sur la distinction des « possibles » et des « compossibles », dont dépend par ailleurs la conception du « meilleur des mondes », cf. *Les États multiples de l'être*, ch. II.

un tel jardin ou un tel étang »[62] ; et ceci nous conduit naturellement à aborder une autre question connexe, qui est celle de la « division de la matière à l'infini ».

---

[62] *Monadologie*, 67 ; cf. *ibid.*, 74.

Chapitre VIII

« DIVISION À L'INFINI » OU DIVISIBILITÉ INDÉFINIE

Pour Leibnitz, la matière est non seulement divisible, mais « sous-divisée actuellement sans fin » dans toutes ses parties, « chaque partie en parties, dont chacune a quelque mouvement propre »[63] ; et c'est surtout sur cette vue qu'il insiste pour appuyer théoriquement la conception que nous avons exposée en dernier lieu :

« Il suit de la division actuelle que, dans une partie de la matière, si petite qu'elle soit, il y a comme un monde consistant en créatures innombrables »[64]. Bernoulli admet également cette division actuelle de la matière « *in partes numero infinitas* », mais il en tire des conséquences que Leibnitz n'accepte pas : « Si un corps fini, dit-il, a des parties infinies en nombre, j'ai toujours cru et je crois même encore que la plus petite de ces parties doit avoir au tout un rapport inassignable ou infiniment petit »[65] ; à quoi Leibnitz répond :

---

[63] Monadologie, 65.
[64] Lettre à Jean Bernoulli, 12-22 juillet 1698.
[65] Lettre déjà citée du 23 juillet 1698.

« Même si l'on accorde qu'il n'y a aucune portion de la matière qui ne soit actuellement divisée, on n'arrive cependant pas à des éléments insécables, ou à des parties plus petites que toutes les autres ou infiniment petites, mais seulement à des parties toujours plus petites, qui sont cependant des quantités ordinaires, de même que, en augmentant, on arrive à des quantités toujours plus grandes »[66]. C'est donc l'existence des « *minimae portiones* », ou des « derniers éléments », que Leibnitz conteste ; au contraire, pour Bernoulli, il semble clair que la division actuelle implique l'existence simultanée de tous les éléments, de même que, si une série « infinie » est donnée, tous les termes qui la constituent doivent être donnés simultanément, ce qui implique l'existence du « *terminus infinitesimus* ». Mais, pour Leibnitz, l'existence de ce terme n'est pas moins contradictoire que celle d'un « nombre infini » et la notion du plus petit des nombres, ou de la « *fractio omnium infima* », ne l'est pas moins que celle du plus grand des nombres ; ce qu'il considère comme l'« infinité » d'une série se caractérise par l'impossibilité de parvenir à un dernier terme, et de même la matière ne serait pas divisée « à l'infini » si cette division pouvait jamais s'achever et aboutir à des « derniers éléments » ; et ce n'est pas seulement que nous ne puissions pas parvenir en fait à ces derniers éléments, comme le concède Bernoulli, mais bien qu'ils ne doivent pas exister dans la nature. Il n'y a pas plus d'éléments corporels insécables, ou d'« atomes » au sens propre du mot, qu'il n'y a,

---

[66] Lettre du 29 juillet 1698.

dans l'ordre numérique, de fraction indivisible et qui ne puisse donner naissance à des fractions toujours plus petites, ou qu'il n'y a, dans l'ordre géométrique, d'élément linéaire qui ne puisse se partager en éléments plus petits.

Au fond, le sens dans lequel Leibnitz, en tout ceci, prend le mot « infini » est exactement celui où il parle, comme nous l'avons vu, d'une « multitude infinie » : pour lui, dire d'une série quelconque, aussi bien que de la suite des nombres entiers, qu'elle est infinie, c'est dire, non qu'elle doit aboutir à un « *terminus infinitesimus* » ou à un « nombre infini », mais au contraire qu'elle ne doit pas avoir de dernier terme, parce que les termes qu'elle comprend sont « *plus quam numero designari possint* », ou constituent une multitude qui surpasse tout nombre. De même, si l'on peut dire que la matière est divisée à l'infini, c'est parce que l'une quelconque de ses portions, si petite qu'elle soit, enveloppe toujours une telle multitude ; en d'autres termes, la matière n'a pas de « *partes minimae* » ou d'éléments simples, elle est essentiellement un composé : « Il est vrai que les substances simples, c'est-à-dire qui ne sont pas des êtres par agrégation, sont véritablement indivisibles, mais elles sont immatérielles, et ne sont que principes d'action »[67]. C'est dans le sens d'une multitude innombrable, qui est d'ailleurs le plus habituel chez Leibnitz, que l'idée du soi-disant infini peut s'appliquer à la matière, à l'étendue géométrique, et en général au continu, envisagé sous le rapport de sa composition ; du reste, ce sens

---

[67] Lettre à Varignon, 20 juin 1702.

n'est pas propre exclusivement à l'« *infinitum continuum* », il s'étend aussi à l'« *infinitum discretum* », comme nous l'avons vu par l'exemple de la multitude de tous les nombres et par celui des « séries infinies ». C'est pourquoi Leibnitz pouvait dire qu'une grandeur est infinie en ce qu'elle est « inépuisable », ce qui fait « qu'on peut toujours prendre une grandeur aussi petite qu'on veut » ; et « il demeure vrai par exemple que 2 est autant que $\frac{1}{1} + \frac{1}{2} + \frac{1}{4} + \frac{1}{8} + \frac{1}{16} + \frac{1}{32} + \ldots$ etc., ce qui est une série infinie, dans laquelle toutes les fractions dont les numérateurs sont 1 et les dénominateurs de progression géométrique double sont comprises à la fois, quoiqu'on n'y emploie toujours que des nombres ordinaires, et quoiqu'on n'y fasse point entrer aucune fraction infiniment petite, ou dont le dénominateur soit un nombre infini »[68]. De plus, ce qui vient d'être dit permet de comprendre comment Leibnitz, tout en affirmant que l'infini, dans le sens où il l'entend, n'est pas un tout, peut cependant appliquer cette idée au continu : un ensemble continu, comme un corps quelconque, constitue bien un tout, et même ce que nous avons appelé plus haut un tout véritable, logiquement antérieur à ses parties et indépendant de celles-ci, mais il est évidemment toujours fini comme tel ; ce n'est donc pas sous le rapport du tout que Leibnitz peut le dire infini, mais seulement sous le rapport des parties en lesquelles il est ou peut être divisé, et en tant que la multitude de ces parties surpasse effectivement tout nombre assignable : c'est là ce qu'on pourrait appeler une conception analytique de l'infini,

---

[68] Lettre déjà citée à Varignon, 2 février 1702.

due à ce que ce n'est, en effet, qu'analytiquement que la multitude dont il s'agit est inépuisable, ainsi que nous l'expliquerons plus loin.

Si maintenant nous nous demandons ce que vaut l'idée de la « division à l'infini », il faut reconnaître que, comme celle de la « multitude infinie », elle contient une certaine part de vérité, encore que la façon dont elle est exprimée soit loin d'être à l'abri de toute critique : tout d'abord, il va de soi que, d'après tout ce que nous avons exposé jusqu'ici, il ne peut aucunement être question de division à l'infini, mais seulement de division indéfinie ; d'autre part, il faut appliquer cette idée, non pas à la matière en général, ce qui n'a peut-être aucun sens, mais seulement aux corps, ou à la matière corporelle si l'on tient à parler ici de « matière » malgré l'extrême obscurité de cette notion et les multiples équivoques auxquelles elle donne lieu[69]. En effet, c'est à l'étendue, et non à la matière, dans quelque acception qu'on l'entende, qu'appartient en propre la divisibilité, et on ne pourrait confondre ici l'une et l'autre qu'à la condition d'adopter la conception cartésienne qui fait consister essentiellement et uniquement la nature des corps dans l'étendue, conception que d'ailleurs Leibnitz n'admettait pas non plus ; si donc tout corps est nécessairement divisible, c'est parce qu'il est étendu, et non pas parce qu'il est matériel. Or, rappelons-le encore, l'étendue, étant quelque chose de déterminé, ne peut pas être infinie, et, dès lors, elle ne peut

---

[69] Sur ce sujet, voir *Le Règne de la Quantité et les Signes des Temps*.

évidemment impliquer aucune possibilité qui soit infinie plus qu'elle ne l'est elle-même ; mais, comme la divisibilité est une qualité inhérente à la nature de l'étendue, sa limitation ne peut venir que de cette nature elle-même : tant qu'il y a de l'étendue, cette étendue est toujours divisible, et ainsi on peut considérer la divisibilité comme réellement indéfinie, son indéfinité étant d'ailleurs conditionnée par celle de l'étendue. Par suite, l'étendue, comme telle, ne peut pas être composée d'éléments indivisibles, car ces éléments, pour être vraiment indivisibles, devraient être inétendus, et une somme d'éléments inétendus ne peut jamais constituer une étendue, pas plus qu'une somme de zéros ne peut constituer un nombre ; c'est pourquoi, ainsi que nous l'avons expliqué ailleurs[70], les points ne sont pas des éléments ou des parties d'une ligne, et les vrais éléments linéaires sont toujours des distances entre des points, qui en sont seulement les extrémités. C'est d'ailleurs ainsi que Leibnitz lui-même envisageait les choses à cet égard, et ce qui fait précisément, suivant lui, la différence fondamentale entre sa méthode infinitésimale et la « méthode des indivisibles » de Cavalieri, c'est qu'il ne considère pas une ligne comme composée de points, ni une surface comme composée de lignes, ni un volume comme composé de surfaces : points, lignes et surfaces ne sont ici que des limites ou des extrémités, non des éléments constitutifs. Il est évident en effet que des points, multipliés par quelque quantité que ce soit, ne pourraient jamais produire une longueur, puisqu'ils sont rigoureusement

---

[70] *Le Symbolisme de la Croix*, chap. XVI.

nuls sous le rapport de la longueur ; les véritables éléments d'une grandeur doivent toujours être de même nature que cette grandeur, quoique incomparablement moindres : c'est ce qui n'a pas lieu avec les « indivisibles », et, d'autre part, c'est ce qui permet d'observer dans le calcul infinitésimal une certaine loi d'homogénéité qui suppose que les quantités ordinaires et les quantités infinitésimales des divers ordres, bien qu'incomparables entre elles, sont cependant des grandeurs de même espèce.

On peut dire encore, à ce point de vue, que la partie, quelle qu'elle soit, doit toujours conserver une certaine « homogénéité » ou conformité de nature avec le tout, du moins autant que l'on considère ce tout comme pouvant être reconstitué au moyen de ses parties par un procédé comparable à celui qui sert à la formation d'une somme arithmétique. Ceci ne veut d'ailleurs pas dire qu'il n'y ait rien de simple dans la réalité, car le composé peut être formé, à partir des éléments, d'une tout autre façon que celle-là ; mais alors, à vrai dire, ces éléments ne sont plus proprement des « parties », et, ainsi que le reconnaissait Leibnitz, ils ne peuvent aucunement être d'ordre corporel. Ce qui est certain, en effet, c'est qu'on ne peut pas arriver à des éléments simples, c'est-à-dire indivisibles, sans sortir de cette condition spéciale qu'est l'étendue, de sorte que celle-ci ne peut se résoudre en de tels éléments sans cesser d'être en tant qu'étendue. Il résulte immédiatement de là qu'il ne peut exister d'éléments corporels insécables, et que cette notion implique contradiction ; en effet, de semblables éléments devraient être inétendus, et alors ils ne seraient plus corporels, car, par définition même, qui dit corporel dit forcément étendu, bien que ce ne soit d'ailleurs pas là toute la nature des corps ; et ainsi, malgré toutes les réserves que nous devons faire sous d'autres rapports, Leibnitz a du moins entièrement raison contre l'atomisme.

Mais, jusqu'ici, nous n'avons parlé que de divisibilité, c'est-à-dire de possibilité de division ; faut-il aller plus loin et admettre avec Leibnitz une « division actuelle » ? Cette idée encore n'est pas exempte de contradiction, car elle revient à supposer un indéfini entièrement réalisé, et, par là, elle est contraire à la nature même de l'indéfini, qui est d'être toujours, comme nous l'avons dit, une possibilité en voie de développement, donc d'impliquer essentiellement quelque chose d'inachevé, de non encore complètement réalisé. Il n'y a d'ailleurs véritablement aucune raison de faire une telle supposition, car, quand nous sommes en présence d'un ensemble continu, c'est le tout qui nous est donné, mais les parties en lesquelles il peut être divisé ne nous sont pas données, et nous concevons seulement qu'il nous est possible de diviser ce tout en parties qui pourront être rendues de plus en plus petites, de façon à devenir moindres que n'importe quelle grandeur donnée pourvu que la division soit poussée assez loin ; en fait, c'est donc nous qui réaliserons les parties à mesure que nous effectuerons cette division. Ainsi ce qui nous dispense de supposer la « division actuelle » c'est la distinction que nous avons établie précédemment au sujet des différentes façons dont un tout peut être envisagé : un ensemble continu n'est pas le résultat des parties en lesquelles il est divisible, mais il en est au contraire indépendant, et, par suite, le fait qu'il nous est donné comme tout n'implique nullement l'existence actuelle de ces parties.

De même, à un autre point de vue, et en passant à la considération du discontinu, nous pouvons dire que, si une série numérique indéfinie nous est donnée, cela n'implique en aucune façon que tous les termes qu'elle comprend nous soient donnés distinctement, ce qui est une impossibilité par là même qu'elle est indéfinie ; en réalité, donner une telle série, c'est simplement donner la loi qui permet de calculer le terme occupant dans la série un rang déterminé et d'ailleurs quelconque [71]. Si Leibnitz avait donné cette réponse à Bernoulli, leur discussion sur l'existence du « *terminus infinitesimus* » aurait immédiatement pris fin par là même ; mais il n'aurait pas pu répondre ainsi sans être amené

---

[71] Cf. L. Couturat, *De l'infini mathématique*, p. 467 : « La suite naturelle des nombres est donnée tout entière par sa loi de formation, ainsi, du reste, que toutes les autres suites et séries infinies, qu'une formule de récurrence suffit, en général, à définir entièrement, de telle sorte que leur limite ou leur somme (quand elle existe) se trouve par là complètement déterminée... C'est grâce à la loi de formation de la suite naturelle que nous avons l'idée de tous les nombres entiers, et en ce sens ils sont donnés tous ensemble dans cette loi. » – On peut dire en effet que la formule générale exprimant le $n^{\text{ème}}$ terme d'une série contient potentiellement et implicitement, mais non pas actuellement et distinctement, tous les termes de cette série, puisqu'on en peut tirer l'un quelconque d'entre eux en donnant à n la valeur correspondant au rang que ce terme doit occuper dans la série ; mais, contrairement à ce que pensait L. Couturat, ce n'est certainement pas là ce que voulait dire Leibnitz « quand il soutenait l'infinité actuelle de la suite naturelle des nombres ».

logiquement à renoncer à son idée de la « division actuelle », à moins de nier toute corrélation entre le mode continu de la quantité et son mode discontinu.

Quoi qu'il en soit, pour ce qui est du continu tout au moins, c'est précisément dans l'« indistinction » des parties que nous pouvons voir la racine de l'idée de l'infini telle que la comprend Leibnitz, puisque, comme nous l'avons dit plus haut, cette idée comporte toujours pour lui une certaine part de confusion ; mais cette « indistinction », loin de supposer une division réalisée, tendrait au contraire à l'exclure, même à défaut des raisons tout à fait décisives que nous avons indiquées tout à l'heure. Donc, si la théorie de Leibnitz est juste en tant qu'elle s'oppose à l'atomisme, il faut par ailleurs, pour qu'elle corresponde à la vérité, la rectifier en remplaçant la « division de la matière à l'infini » par la « divisibilité indéfinie de l'étendue » ; c'est là, dans son expression la plus brève et la plus précise, le résultat auquel aboutissent en définitive toutes les considérations que nous venons d'exposer.

Chapitre IX

INDÉFINIMENT CROISSANT ET INDÉFINIMENT DÉCROISSANT

Avant de continuer l'examen des questions qui se rapportent proprement au continu, nous devons revenir sur ce qui a été dit plus haut de l'inexistence d'une « *fractio omnium infima* », ce qui nous permettra de voir comment la corrélation ou la symétrie qui existe à certains égards entre les quantités indéfiniment croissantes et les quantités indéfiniment décroissantes est susceptible d'être représentée numériquement. Nous avons vu que, dans le domaine de la quantité discontinue, tant que l'on n'a à considérer que la suite des nombres entiers, ceux-ci doivent être regardés comme croissant indéfiniment à partir de l'unité, mais que, l'unité étant essentiellement indivisible, il ne peut évidemment pas être question d'une décroissance indéfinie ; si l'on prenait les nombres dans le sens décroissant, on se trouverait nécessairement arrêté à l'unité elle-même, de sorte que la représentation de l'indéfini par les nombres entiers est limitée à un seul sens, qui est celui de l'indéfiniment croissant. Par contre, quand il s'agit de la quantité continue, on peut envisager des quantités indéfiniment décroissantes aussi bien que des quantités indéfiniment croissantes ; et la même chose se produit dans la quantité discontinue elle-même aussitôt que, pour traduire cette possibilité, on y introduit la considération des nombres fractionnaires. En effet, on peut envisager une suite de fractions allant en décroissant indéfiniment, c'est-à-dire que, si petite que soit une fraction, on peut toujours en former une plus petite, et cette décroissance ne peut jamais aboutir à une « *fractio minima* », pas plus que la croissance des nombres entiers ne peut aboutir à un « *numerus maximus* ».

Pour rendre évidente, par la représentation numérique, la corrélation de l'indéfiniment croissant et de l'indéfiniment décroissant, il suffit de considérer, en même temps que la suite des nombres entiers, celle de leurs inverses : un nombre est dit inverse d'un autre quand son produit par celui-ci est égal à l'unité, et, pour cette raison, l'inverse du nombre n est représenté par la notation $\dfrac{1}{n}$. Tandis que la suite des n nombres entiers va en croissant indéfiniment à partir de l'unité, la suite de leurs inverses va en décroissant indéfiniment à partir de cette même unité, qui est à elle-même son propre inverse, et qui ainsi est le point de départ commun des deux séries ; à chaque nombre de l'une des suites correspond un nombre de l'autre et inversement, de sorte que ces deux suites sont également indéfinies, et qu'elles le sont exactement de la même façon, bien qu'en sens contraire. L'inverse d'un nombre est évidemment d'autant plus petit que ce nombre est lui-même plus grand, puisque leur produit demeure toujours constant ; si grand que soit un nombre N, le nombre $N+1$ sera encore plus grand, en vertu de la loi même de formation de la série indéfinie des nombres entiers, et de même, si petit que soit un nombre $\frac{1}{N}$, le nombre $\frac{1}{N+1}$ sera encore plus petit ; c'est ce qui prouve nettement l'impossibilité du « plus petit des nombres », dont la notion n'est pas moins contradictoire que celle du « plus grand des nombres », car, s'il n'est pas possible de s'arrêter à un nombre déterminé dans le sens croissant, il ne le sera pas davantage de s'arrêter dans le sens décroissant. Du reste, comme cette corrélation qui se remarque dans le discontinu numérique se présente tout d'abord comme une conséquence de l'application de ce discontinu au continu, ainsi que nous l'avons dit au sujet des nombres fractionnaires dont elle suppose naturellement l'introduction, elle ne peut que traduire à sa façon, conditionnée nécessairement par la nature du nombre, la corrélation qui existe dans le continu lui-même entre l'indéfiniment croissant et l'indéfiniment décroissant. Il y a donc lieu, lorsque l'on considère les quantités continues comme susceptibles de devenir aussi grandes et aussi petites qu'on le veut, c'est-à-dire plus grandes et plus petites que toute quantité déterminée, d'observer toujours la symétrie et, pourrait-on dire en quelque sorte, le parallélisme qu'offrent entre elles ces deux variations inverses ; cette remarque nous aidera à mieux comprendre, par la suite, la possibilité des différents ordres de quantités infinitésimales.

Il est bon de remarquer que, bien que le symbole $\frac{1}{n}$ évoque l'idée des nombres n fractionnaires, et qu'en fait il en tire incontestablement son origine, il n'est pas nécessaire que les inverses des nombres entiers soient définis ici comme tels, et ceci afin d'éviter l'inconvénient que présente la notion ordinaire des nombres fractionnaires au point de vue proprement arithmétique, c'est-à-dire la conception des fractions comme « parties de l'unité ». Il suffit en effet de considérer les deux séries comme constituées par des nombres respectivement plus grands et plus petits que l'unité, c'est-à-dire comme deux ordres de grandeurs qui ont en celle-ci leur commune limite, en même temps qu'ils peuvent être regardés l'un et l'autre comme également issus de cette unité, qui est véritablement la source première de tous les nombres ; de plus, si l'on voulait considérer ces deux ensembles indéfinis comme formant une suite unique, on pourrait dire que l'unité occupe exactement le milieu dans cette suite des nombres, puisque, comme nous l'avons vu, il y a exactement autant de nombres dans l'un de ces ensembles que dans l'autre. D'autre part, si l'on voulait, pour généraliser davantage, introduire les nombres fractionnaires proprement dits, au lieu de considérer seulement la série des nombres entiers et celle de leurs inverses, rien ne serait changé quant à la symétrie des quantités croissantes et des quantités décroissantes : on aurait d'un côté tous les nombres plus grands que l'unité, et de l'autre tous les nombres plus petits que l'unité ; ici encore, à tout nombre $\frac{a}{b} > 1$, il correspondrait dans l'autre groupe un nombre $\frac{b}{a} < 1$, et réciproquement, de telle façon que $\frac{a}{b} \times \frac{b}{a} =$

1, de même qu'on avait tout à l'heure $n \times = \dfrac{1}{n} = 1$, et ainsi il y aurait toujours exactement autant de nombres dans l'un et dans l'autre de ces deux groupes indéfinis séparés par l'unité ; il doit d'ailleurs être bien entendu que, quand nous disons « autant de nombres », cela signifie qu'il y a là deux multitudes se correspondant terme à terme, mais sans que ces multitudes elles-mêmes puissent aucunement être considérées pour cela comme « nombrables ». Dans tous les cas, l'ensemble de deux nombres inverses, se multipliant l'un par l'autre, reproduit toujours l'unité dont ils sont sortis ; on peut dire encore que l'unité, occupant le milieu entre les deux groupes, et étant le seul nombre qui puisse être regardé comme appartenant à la fois à l'un et à l'autre[72], si bien qu'en réalité il serait plus exact de dire qu'elle les unit plutôt qu'elle ne les sépare, correspond à l'état d'équilibre parfait, et qu'elle contient en elle-même tous les nombres, qui sont issus d'elle par couples de nombres inverses ou complémentaires, chacun de ces couples constituant, du fait de ce complémentarisme, une unité relative en son indivisible dualité[73] ; mais nous reviendrons un peu plus tard sur cette dernière considération et sur les conséquences qu'elle implique.

---

[72] Suivant la définition des nombres inverses, l'unité se présente d'un côté sous la forme 1 et de l'autre sous la forme $\dfrac{1}{1}$ e telle sorte que $1 \times \dfrac{1}{1} = 1$, mais, comme d'autre part $\dfrac{1}{1} = 1$, c'est la même unité qui est ainsi représentée sous deux formes différentes, et qui par conséquent, comme nous le disions plus haut, est à elle-même son propre inverse.

[73] Nous disons indivisible parce que, dès lors que l'un des deux nombres formant un tel couple existe, l'autre existe aussi nécessairement par là même.

Au lieu de dire que la série des nombres entiers est indéfiniment croissante et celle de leurs inverses indéfiniment décroissante, on pourrait dire aussi, dans le même sens, que les nombres tendent ainsi d'une part vers l'indéfiniment grand et de l'autre vers l'indéfiniment petit, à la condition d'entendre par là les limites mêmes du domaine dans lequel on considère ces nombres, car une quantité variable ne peut tendre que vers une limite. Le domaine dont il s'agit est, en somme, celui de la quantité numérique envisagée dans toute l'extension dont elle est susceptible[74] ; cela revient encore à dire que les limites n'en sont point déterminées par tel ou tel nombre particulier, si grand ou si petit qu'on le suppose, mais par la nature même du nombre comme tel. C'est par là même que le nombre, comme toute autre chose de nature déterminée, exclut tout ce qui n'est pas lui, qu'il ne peut nullement être question ici d'infini ; d'ailleurs, nous venons de dire que l'indéfiniment grand doit forcément être conçu comme une limite, bien qu'il ne soit en aucune façon un « *terminus ultimus* » de la série des nombres, et l'on peut remarquer à ce propos que l'expression « tendre vers l'infini », employée fréquemment par les mathématiciens dans le sens de « croître indéfiniment », est encore une absurdité, puisque l'infini implique évidemment l'absence de toute

---

[74] Il va de soi que les nombres incommensurables, sous le rapport de la grandeur, s'intercalent nécessairement entre les nombres ordinaires, entiers ou fractionnaires suivant qu'ils sont plus grands ou plus petits que l'unité ; c'est ce que montre d'ailleurs la correspondance géométrique que nous avons indiquée précédemment, et aussi la possibilité de définir un tel nombre par deux ensembles convergents de nombres commensurables dont il est la limite commune.

limite, et que par conséquent il n'y aurait là rien vers quoi il soit possible de tendre. Ce qui est assez singulier aussi, c'est que certains tout en reconnaissant l'incorrection et le caractère abusif de cette expression « tendre vers l'infini », n'éprouvent d'autre part aucun scrupule à prendre l'expression « tendre vers zéro » dans le sens de « décroître indéfiniment » ; cependant, zéro, ou la « quantité nulle », est exactement symétrique, par rapport aux quantités décroissantes, de ce qu'est la prétendue « quantité infinie » par rapport aux quantités croissantes ; mais nous aurons à revenir par la suite sur les questions qui se posent plus particulièrement au sujet du zéro et de ses différentes significations.

Puisque la suite des nombres, dans son ensemble, n'est pas « terminée » par un certain nombre, il en résulte qu'il n'y a pas de nombre, si grand qu'il soit, qui puisse être identifié à l'indéfiniment grand au sens où nous venons de l'entendre ; et, naturellement, la même chose est également vraie pour ce qui est de l'indéfiniment petit. On peut seulement regarder un nombre comme pratiquement indéfini, s'il est permis de s'exprimer ainsi, lorsqu'il ne peut plus être exprimé par le langage ni représenté par l'écriture, ce qui, en fait, arrive inévitablement à un moment donné quand on considère des nombres qui vont toujours en croissant ou en décroissant ; c'est là, si l'on veut, une simple question de « perspective », mais cela même s'accorde en somme avec le caractère de l'indéfini, en tant que celui-ci n'est pas autre chose, en définitive, que ce dont les limites peuvent être, non point supprimées, puisque cela serait contraire à la nature même des choses, mais simplement reculées jusqu'à en être entièrement perdues de vue. À ce propos, il y aurait lieu de se poser certaines questions assez curieuses : ainsi, on pourrait se demander pourquoi la langue chinoise représente symboliquement l'indéfini par le nombre dix mille ; l'expression « les dix mille êtres », par exemple, signifie tous les êtres, qui sont réellement en multitude indéfinie ou « innombrable ». Ce qui est très remarquable, c'est que la même chose précisément se produit aussi en grec, où un seul mot, avec une simple différence d'accentuation qui n'est évidemment qu'un détail tout à fait accessoire, et qui n'est dû sans doute qu'au besoin de distinguer dans l'usage les deux significations, sert également à exprimer à la fois l'une et l'autre de ces deux idées : μύριοι, dix mille ; μυρίοι, une indéfinité. La véritable raison de ce fait est celle-ci : ce nombre dix mille est la quatrième puissance de dix ; or, suivant la formule du *Tao-te-king*, « un a produit deux, deux a produit trois, trois a produit tous les nombres », ce qui implique que quatre, produit immédiatement par trois, équivaut d'une certaine façon à tout l'ensemble des nombres, et cela parce que, dès qu'on a le quaternaire, on a aussi, par l'addition des quatre premiers nombres, le dénaire, qui représente un cycle numérique complet : $1 + 2 + 3 + 4 = 10$, ce qui est, comme nous l'avons déjà dit en d'autres occasions, la formule numérique de la *Tétraktys* pythagoricienne. On peut encore ajouter que cette représentation de l'indéfinité numérique a sa correspondance dans l'ordre spatial : on sait que l'élévation à une puissance supérieure d'un degré représente, dans cet ordre, l'adjonction d'une dimension ; or, notre étendue n'ayant que trois dimensions, ses limites sont dépassées lorsqu'on va au-delà de la troisième puissance, ce qui, en d'autres termes, revient à dire que l'élévation à la quatrième puissance marque le terme même de son indéfinité, puisque, dès qu'elle est effectuée, on est par là même sorti de cette étendue et passé à un autre ordre de possibilités.

CHAPITRE X

INFINI ET CONTINU

L'idée de l'infini tel que l'entend le plus souvent Leibnitz, et qui est seulement, il ne faut jamais le perdre de vue, celle d'une multitude qui surpasse tout nombre, se présente quelquefois sous l'aspect d'un « infini discontinu », comme dans le cas des séries numériques dites infinies ; mais son aspect le plus habituel, et aussi le plus important en ce qui concerne la signification du calcul infinitésimal, est celui de l'« infini continu ». Il convient de se souvenir à ce propos que, quand Leibnitz, en commençant les recherches qui devaient, du moins suivant ce qu'il dit lui-même, le conduire à la découverte de sa méthode, opérait sur des séries de nombres, il n'avait à considérer que des différences finies au sens ordinaire de ce mot ; les différences infinitésimales ne se présentèrent à lui que quand il s'agit d'appliquer le discontinu numérique au continu spatial. L'introduction des différentielles se justifiait donc par l'observation d'une certaine analogie entre les variations respectives de ces deux modes de la quantité ; mais leur caractère infinitésimal provenait de la continuité des grandeurs auxquelles elles devaient s'appliquer, et ainsi la considération des « infiniment petits » se trouvait, pour

Leibnitz, étroitement liée à la question de la « composition du continu ».

Les « infiniment petits » pris « à la rigueur » seraient, comme le pensait Bernoulli, des « *partes minimae* » du continu ; mais précisément le continu, tant qu'il existe comme tel, est toujours divisible, et, par suite, il ne saurait avoir de « *partes minimae* ». Les « indivisibles » ne sont pas même des parties de ce par rapport à quoi ils sont indivisibles, et le « minimum » ne peut ici se concevoir que comme limite ou extrémité, non comme élément : « La ligne n'est pas seulement moindre que n'importe quelle surface, dit Leibnitz, mais elle n'est pas même une partie de la surface, mais seulement un minimum ou une extrémité »[75] ; et l'assimilation entre *extremum* et *minimum* peut ici se justifier, à son point de vue, par la « loi de continuité », en tant que celle-ci permet, suivant lui, le « passage à la limite », ainsi que nous le verrons plus loin. Il en est de même, comme nous l'avons déjà dit, du point par rapport à la ligne, et aussi, d'autre part, de la surface par rapport au volume ; mais, par contre, les éléments infinitésimaux doivent être des parties du continu, sans quoi ils ne seraient même pas des quantités ; et ils ne peuvent l'être qu'à la condition de ne pas être des « infiniment petits » véritables, car ceux-ci ne seraient autre chose que ces « *partes minimae* » ou ces « derniers éléments » dont, à l'égard du continu, l'existence même implique

---

[75] *Meditatio nova de natura anguli contactus et osculi, horumque usu in practica Mathesi ad figuras faciliores succedaneas difficilioribus substituendas*, dans les *Acta Eruditorum* de Leipzig, 1686.

contradiction. Ainsi, la composition du continu ne permet pas que les infiniment petits soient plus que de simples fictions ; mais, d'un autre côté, c'est pourtant l'existence de ce même continu qui fait que ce sont, du moins aux yeux de Leibnitz, des « fictions bien fondées » : si « tout se fait dans la géométrie comme si c'étaient de parfaites réalités », c'est parce que l'étendue, qui est l'objet de la géométrie, est continue ; et, s'il en est de même dans la nature, c'est parce que les corps sont également continus, et parce qu'il y a aussi de la continuité dans tous les phénomènes tels que le mouvement, dont ces corps sont le siège, et qui sont l'objet de la mécanique et de la physique. D'ailleurs, si les corps sont continus, c'est parce qu'ils sont étendus, et qu'ils participent de la nature de l'étendue ; et, de même, la continuité du mouvement et des divers phénomènes qui peuvent s'y ramener plus ou moins directement provient essentiellement de leur caractère spatial. C'est donc, en somme, la continuité de l'étendue qui est le véritable fondement de toutes les autres continuités qui se remarquent dans la nature corporelle ; et c'est d'ailleurs pourquoi, introduisant à cet égard une distinction essentielle que Leibnitz n'avait pas faite, nous avons précisé que ce n'est pas à la « matière » comme telle, mais bien à l'étendue, que doit être attribuée en réalité la propriété de « divisibilité indéfinie ».

Nous n'avons pas à examiner ici la question des autres formes possibles de la continuité, indépendantes de sa forme spatiale ; en effet, c'est toujours à celle-ci qu'il faut en revenir quand on envisage des grandeurs, et ainsi sa considération suffit pour tout ce qui se rapporte aux quantités infinitésimales. Nous devons cependant y joindre la continuité du temps, car, contrairement à l'étrange opinion de Descartes à ce sujet, le temps est bien réellement continu en lui-même, et non pas seulement dans la représentation spatiale par le mouvement qui sert à sa mesure[76]. À cet égard, on pourrait dire que le mouvement est en quelque sorte doublement continu, car il l'est à la fois par sa condition spatiale et par sa condition temporelle ; et cette sorte de combinaison du temps et de l'espace, d'où résulte le mouvement, ne serait pas possible si l'un était discontinu tandis que l'autre est continu. Cette considération permet en outre d'introduire la continuité dans certaines catégories de phénomènes naturels qui se rapportent plus directement au temps qu'à l'espace, bien que s'accomplissant dans l'un et dans l'autre également, comme, par exemple, le processus d'un développement organique quelconque. On pourrait d'ailleurs, pour la composition du continu temporel, répéter tout ce que nous avons dit pour celle du continu spatial, et, en vertu de cette sorte de symétrie qui existe sous certains rapports, comme nous l'avons expliqué ailleurs, entre l'espace et le temps, on aboutirait à des conclusions strictement analogues : les instants, conçus comme indivisibles, ne sont pas plus des parties de la durée que les points ne sont des parties de l'étendue, ainsi que le reconnaît également Leibnitz, et c'était d'ailleurs là encore une thèse tout à fait courante chez les scolastiques ; en somme, c'est un caractère général

---

[76] Cf. *Le Règne de la Quantité et les Signes des Temps*, ch. V.

de tout continu que sa nature ne comporte pas l'existence de « derniers éléments ».

Tout ce que nous avons dit jusqu'ici montre suffisamment dans quel sens on peut comprendre que, au point de vue où se place Leibnitz, le continu enveloppe nécessairement l'infini ; mais, bien entendu, nous ne saurions admettre qu'il s'agisse là d'une « infinité actuelle », comme si toutes les parties possibles devaient être effectivement données quand le tout est donné, ni d'ailleurs d'une véritable infinité, qui est exclue par toute détermination, quelle qu'elle soit, et qui ne peut par conséquent être impliquée par la considération d'aucune chose particulière. Seulement, ici comme dans tous les cas où se présente l'idée d'un prétendu infini, différent du véritable Infini métaphysique, et qui pourtant, en eux-mêmes, représentent autre chose que des absurdités pures et simples, toute contradiction disparaît, et avec elle toute difficulté logique, si l'on remplace ce soi-disant infini par de l'indéfini, et si l'on dit simplement que tout continu enveloppe une certaine indéfinité lorsqu'on l'envisage sous le rapport de ses éléments. C'est encore faute de faire cette distinction fondamentale de l'Infini et de l'indéfini que certains ont cru à tort qu'il n'était possible d'échapper à la contradiction d'un infini déterminé qu'en rejetant absolument le continu et en le remplaçant par du discontinu ; c'est ainsi notamment que Renouvier, qui nie avec raison l'infini mathématique, mais à qui l'idée de l'Infini métaphysique est d'ailleurs tout à fait étrangère, s'est cru obligé, par la logique de son « finitisme », d'aller jusqu'à admettre l'atomisme, tombant ainsi dans une autre conception qui, comme nous l'avons vu précédemment, n'est pas moins contradictoire que celle qu'il voulait écarter.

CHAPITRE XI

LA « LOI DE CONTINUITÉ »

Dès lors qu'il existe du continu, nous pouvons dire avec Leibnitz qu'il y a de la continuité dans la nature, ou, si l'on veut, qu'il doit y avoir une certaine « loi de continuité » qui s'applique à tout ce qui présente les caractères du continu ; cela est en somme évident, mais il n'en résulte nullement qu'une telle loi doive être applicable à tout comme il le prétend, car, s'il y a du continu, il y a aussi du discontinu, et cela même dans le domaine de la quantité [77] : le nombre, en effet, est essentiellement discontinu, et c'est même cette quantité discontinue, et non pas la quantité continue, qui est réellement, comme nous l'avons dit ailleurs, le mode premier et fondamental de la quantité, ou ce qu'on pourrait appeler proprement la quantité

---

[77] Cf. L. Couturat, *De l'infini mathématique*, p. 140 : « En général, le principe de continuité n'a pas de place en algèbre, et ne peut pas être invoqué pour justifier la généralisation algébrique du nombre. Non seulement la continuité n'est nullement nécessaire aux spéculations de l'arithmétique générale, mais elle répugne à l'esprit de cette science et à la nature même du nombre. Le nombre, en effet, est essentiellement discontinu, ainsi que presque toutes ses propriétés arithmétiques… On ne peut donc imposer la continuité aux fonctions algébriques, si compliquées qu'elles soient, puisque le nombre entier, qui en fournit tous les éléments, est discontinu, et "saute" en quelque sorte d'une valeur à l'autre sans transition possible. »

pure[78]. D'autre part, rien ne permet de supposer *a priori* que, en dehors de la quantité, une continuité quelconque puisse être partout envisagée, et même, à vrai dire, il serait bien étonnant que le nombre seul, parmi toutes les choses possibles, eût la propriété d'être essentiellement discontinu ; mais notre intention n'est pas de rechercher ici dans quelles limites une « loi de continuité » est vraiment applicable, et quelles restrictions il conviendrait d'y apporter pour tout ce qui dépasse le domaine de la quantité entendue dans son sens le plus général. Nous nous bornerons à donner, en ce qui concerne les phénomènes naturels, un exemple très simple de discontinuité : s'il faut une certaine force pour rompre une corde, et si l'on applique à cette corde une force dont l'intensité soit moindre que celle-là, on n'obtiendra pas une rupture partielle, c'est-à-dire la rupture d'une partie des fils qui composent la corde, mais seulement une tension, ce qui est tout à fait différent ; si l'on augmente la force d'une façon continue, la tension croîtra d'abord aussi d'une façon continue, mais il viendra un moment où la rupture se produira, et on aura alors, d'une façon soudaine et en quelque sorte instantanée, un effet d'une tout autre nature que le précédent, ce qui implique manifestement une discontinuité ; et ainsi il n'est pas vrai de dire, en termes tout à fait généraux et sans restrictions d'aucune sorte, que « *natura non facit saltus* ».

Quoi qu'il en soit, il suffit en tout cas que les grandeurs

---

[78] Voir *Le Règne de la Quantité et les Signes des Temps*, ch. II.

géométriques soient continues, comme elles le sont en effet, pour qu'on y puisse toujours prendre des éléments aussi petits qu'on veut, donc pouvant devenir plus petits que toute grandeur assignable ; et, comme le dit Leibnitz, « c'est sans doute en cela que consiste la démonstration rigoureuse du calcul infinitésimal », qui s'applique précisément à ces grandeurs géométriques. La « loi de continuité » peut donc être le « *fundamentum in re* » de ces fictions que sont les quantités infinitésimales, aussi bien d'ailleurs que de ces autres fictions que sont les racines imaginaires, puisque Leibnitz fait un rapprochement entre les unes et les autres sous ce rapport, sans qu'il faille pour cela y voir, comme il l'aurait peut-être voulu, « la pierre de touche de toute vérité ».[79]

D'autre part, si l'on admet une « loi de continuité », tout en faisant certaines restrictions sur sa portée, et même si l'on reconnaît que cette loi peut servir à justifier les bases du calcul infinitésimal, « *modo sano sensu intelligantur* », il ne s'ensuit nullement de là qu'on doive la concevoir exactement comme le faisait Leibnitz, ni accepter toutes les conséquences que lui-même prétendait en tirer ; c'est cette conception et ces conséquences qu'il nous faut maintenant examiner d'un peu plus près.

Sous sa forme la plus générale, cette loi revient en somme à ceci, que Leibnitz énonce à plusieurs reprises en termes

---

[79] L. Couturat, *De l'infini mathématique*, p. 266.

différents, mais dont le sens est toujours le même au fond : dès lors qu'il y a un certain ordre dans les principes, entendus ici en un sens relatif comme les données qu'on prend pour point de départ, il doit y avoir toujours un ordre correspondant dans les conséquences qu'on en tirera. C'est alors, comme nous l'avons déjà indiqué, un cas particulier de la « loi de justice », c'est-à-dire d'ordre, que postule l'« universelle intelligibilité » ; c'est donc au fond, pour Leibnitz, une conséquence ou une application du « principe de raison suffisante », sinon ce principe lui-même en tant qu'il s'applique plus spécialement aux combinaisons et aux variations de la quantité : « la continuité est une chose idéale », dit-il, ce qui est d'ailleurs loin d'être aussi clair qu'on pourrait le souhaiter, mais « le réel ne laisse pas de se gouverner par l'idéal et l'abstrait, …parce que tout se gouverne par raison »[80]. Il y a assurément un certain ordre dans les choses, et ce n'est pas là ce qui est en question, mais on peut concevoir cet ordre tout autrement que ne le faisait Leibnitz, dont les idées à cet égard étaient toujours influencées plus ou moins directement par son prétendu « principe du meilleur », qui perd toute signification dès qu'on a compris l'identité métaphysique du possible et du réel[81] ; au surplus, bien qu'il fût un adversaire déclaré de l'étroit rationalisme cartésien, on pourrait, quant à sa conception de l'« universelle intelligibilité », lui reprocher d'avoir trop facilement confondu « intelligible » et

---

[80] Lettre déjà citée à Varignon, 2 février 1702.
[81] Voir *Les États multiples de l'être*, ch. II.

« rationnel » ; mais nous n'insisterons pas davantage sur ces considérations d'ordre général, car elles nous entraîneraient beaucoup trop loin de notre sujet. Nous ajouterons seulement, à ce propos, qu'il est permis de s'étonner que, après avoir affirmé qu'« on n'a pas besoin de faire dépendre l'analyse mathématique des controverses métaphysiques », ce qui est d'ailleurs tout à fait contestable, puisque cela revient à en faire, suivant le point de vue purement profane, une science entièrement ignorante de ses propres principes, et que du reste l'incompréhension seule peut faire naître des controverses dans le domaine métaphysique, Leibnitz en arrive finalement à invoquer, à l'appui de sa « loi de causalité » à laquelle il rattache cette même analyse mathématique, un argument non plus métaphysique en effet, mais bien théologique, qui pourrait se prêter encore à bien d'autres controverses : « C'est parce que tout se gouverne par raison, dit-il, et qu'autrement il n'y aurait point de science ni de règle, ce qui ne serait point conforme à la nature du souverain principe »[82], à quoi on pourrait répondre que la raison n'est en réalité qu'une faculté purement humaine et d'ordre individuel, et que, sans même qu'il faille remonter jusqu'au « souverain principe », l'intelligence entendue au sens universel, c'est-à-dire l'intellect pur et transcendant, est

---

[82] Même lettre à Varignon. – Le premier exposé de la « loi de continuité » avait paru dans les *Nouvelles de la République des Lettres*, en juillet 1687, sous ce titre assez significatif au même point de vue : *Principium quoddam generale non in Mathematicis tantum sed et Physicis utile, cujus ope ex consideratione Sapientiæ Divinæ examinantur Naturæ Leges, qua occasione nata cum R. P. Mallebranchio controversia explicatur, et quidam Cartesianorum errores notantur.*

tout autre chose que la raison et ne saurait lui être assimilée en aucune façon, de telle sorte que, s'il est vrai qu'il n'y a rien d'« irrationnel », il ne l'est pas moins qu'il y a pourtant beaucoup de choses qui sont « supra-rationnelles », mais qui d'ailleurs n'en sont pas pour cela moins « intelligibles ».

Nous passerons maintenant à un autre énoncé plus précis de la « loi de continuité », énoncé qui se rapporte d'ailleurs plus directement que le précédent aux principes du calcul infinitésimal : « Si un cas se rapproche d'une façon continue d'un autre cas dans les données et s'évanouit finalement en lui, il faut nécessairement que les résultats de ces cas se rapprochent également d'une façon continue dans les solutions cherchées et que finalement ils se terminent réciproquement l'un dans l'autre »[83]. Il y a ici deux choses qu'il importe de distinguer : d'abord, si la différence de deux cas diminue jusqu'à devenir moindre que toute grandeur assignable « *in datis* », il doit en être de même « *in quaesitis* » ; ce n'est là, en somme, que l'application de l'énoncé le plus général, et ce n'est pas cette partie de la loi qui est susceptible de soulever des objections, dès lors qu'on admet qu'il existe des variations continues et que c'est précisément au domaine où s'effectuent de telles variations, c'est-à-dire au domaine géométrique, que se rapporte proprement le calcul infinitésimal ; mais faut-il admettre en outre que « *casus in casum tandem evanescat* », et que par suite « *eventus casuum*

---

[83] *Specimen Dynamicum pro admirandis Naturæ Legibus circa corporum vires et mutuas actiones detegendis et ad suas causas revocandis*, Pars II.

tandem in se invicem desinant » ? En d'autres termes, la différence des deux cas deviendra-t-elle jamais rigoureusement nulle, par suite de sa décroissance continue et indéfinie, ou bien, si l'on préfère, cette décroissance, quoique indéfinie, parviendra-t-elle à atteindre son terme ? C'est là, au fond, la question de savoir si, dans une variation continue, la limite peut être atteinte ; et, sur ce point, nous ferons tout d'abord remarquer ceci : comme l'indéfini, tel qu'il est impliqué dans le continu, comporte toujours en un certain sens quelque chose d'« inépuisable », et comme Leibnitz n'admet d'ailleurs pas que la division du continu puisse aboutir à un terme final, ni même que ce terme existe véritablement, est-il parfaitement logique et cohérent de sa part d'admettre en même temps qu'une variation continue, qui s'effectue « *per infinitos gradus intermedios* »[84], puisse atteindre sa limite ? Ceci ne veut pas dire, assurément, que la limite ne puisse être atteinte en aucune façon, ce qui réduirait le calcul infinitésimal à ne pouvoir être rien de plus qu'une simple méthode d'approximation ; mais, si elle est effectivement atteinte, ce ne doit pas être dans la variation continue elle-même, ni comme dernier terme de la série indéfinie des « *gradus mutationis* ». C'est pourtant par la « loi de continuité » que Leibnitz prétend justifier le « passage à la limite », qui n'est pas la moindre des difficultés auxquelles sa méthode donne lieu au point de vue logique, et c'est précisément là que ses conclusions deviennent tout à fait inacceptables ; mais, pour que ce côté de la question puisse

---

[84] Lettre à Schulenburg, 29 mars 1698.

être entièrement compris, il nous faut commencer par préciser la notion mathématique de la limite elle-même.

CHAPITRE XII

LA NOTION DE LA LIMITE

La notion de la limite est une des plus importantes que nous ayons à examiner ici, car c'est d'elle que dépend toute la valeur de la méthode infinitésimale sous le rapport de la rigueur ; on a même pu aller jusqu'à dire que, en définitive, « tout l'algorithme infinitésimal repose sur la seule notion de limite, car c'est précisément cette notion rigoureuse qui sert à définir et à justifier tous les symboles et toutes les formules du calcul infinitésimal »[85]. En effet, l'objet de ce calcul « se réduit à calculer des limites de rapports et des limites de sommes, c'est-à-dire à trouver les valeurs fixes vers lesquelles convergent des rapports ou des sommes de quantités variables, à mesure que celles-ci décroissent indéfiniment suivant une loi donnée »[86]. Pour plus de précision encore, nous dirons que, des deux branches en lesquelles se divise le calcul infinitésimal, le calcul différentiel consiste à calculer les limites de rapports dont les deux termes vont simultanément en décroissant indéfiniment suivant une certaine loi, de telle façon que le rapport lui-même conserve toujours une valeur

---

[85] L. Couturat, *De l'infini mathématique*, Introduction, p. XXIII.
[86] Ch. de Freycinet, *De l'Analyse infinitésimale*, Préface, p. VIII.

finie et déterminée ; et le calcul intégral consiste à calculer les limites de sommes d'éléments dont la multitude croît indéfiniment en même temps que la valeur de chacun d'eux décroît indéfiniment, car il faut que ces deux conditions soient réunies pour que la somme elle-même demeure toujours une quantité finie et déterminée. Cela posé, on peut dire, d'une façon générale, que la limite d'une quantité variable est une autre quantité considérée comme fixe, et dont cette quantité variable est supposée s'approcher, par les valeurs qu'elle prend successivement au cours de sa variation, jusqu'à en différer aussi peu qu'on le veut, ou, en d'autres termes jusqu'à ce que la différence de ces deux quantités devienne moindre que toute quantité assignable. Le point sur lequel nous devons insister tout particulièrement, pour des raisons qui seront mieux comprises par la suite, c'est que la limite est conçue essentiellement comme une quantité fixe et déterminée ; alors même qu'elle ne serait pas donnée par les conditions du problème, on devra toujours commencer par lui supposer une valeur déterminée, et continuer à la regarder comme fixe jusqu'à la fin du calcul.

Mais autre chose est la conception de la limite en elle-même, et autre chose la justification logique du « passage à la limite » ; Leibnitz estimait que « ce qui justifie en général ce "passage à la limite", c'est que la même relation qui existe entre plusieurs grandeurs variables subsiste entre leurs limites fixes, quand leurs variations sont continues, car alors elles atteignent en effet leurs limites respectives ; c'est là un autre énoncé du principe de continuité »[87]. Mais toute la question est précisément de savoir si la quantité variable, qui s'approche indéfiniment de sa limite fixe, et qui, par suite, peut en différer aussi peu qu'on le veut, d'après la définition même de la limite, peut atteindre effectivement cette limite par une conséquence de sa variation même, c'est-à-dire si la limite peut être conçue comme le dernier terme d'une variation continue. Nous verrons que, en réalité, cette solution est inacceptable ; pour le moment, nous dirons seulement, quitte à y revenir un peu plus tard, que la vraie notion de la continuité ne permet pas de considérer les quantités infinitésimales comme pouvant jamais s'égaler à zéro, car elles cesseraient alors d'être des quantités ; or, pour Leibnitz lui-même, elles doivent toujours garder le caractère de véritables quantités, et cela même quand on les considère comme « évanouissantes ». Une différence infinitésimale ne pourra donc jamais être rigoureusement nulle ; par suite, une variable, tant qu'elle sera regardée comme telle, différera toujours réellement de sa limite, et elle ne pourrait l'atteindre sans perdre par là même son caractère de variable.

Sur ce point, nous pouvons donc accepter entièrement, à part une légère réserve, les considérations qu'un mathématicien que nous avons déjà cité expose en ces termes : « Ce qui caractérise la limite telle que nous l'avons définie, c'est à la fois que la variable puisse en approcher autant qu'on

---

[87] L. Couturat, *De l'infini mathématique*, p. 268, note. – C'est le point de vue qui est exposé notamment dans la *Justification du Calcul des infinitésimales par celui de l'Algèbre ordinaire*.

le veut, et néanmoins qu'elle ne puisse jamais l'atteindre rigoureusement ; car, pour qu'elle l'atteignît en effet, il faudrait la réalisation d'une certaine infinité, qui nous est nécessairement interdite... Aussi doit-on s'en tenir à l'idée d'une approximation indéfinie, c'est-à-dire de plus en plus grande »[88]. Au lieu de parler de « la réalisation d'une certaine infinité », ce qui ne saurait avoir pour nous aucun sens, nous dirons simplement qu'il faudrait qu'une certaine indéfinité fût épuisée en ce qu'elle a précisément d'inépuisable, mais que, en même temps, les possibilités de développement que comporte cette indéfinité même permettent d'obtenir une approximation aussi grande qu'on le veut, « *ut error fiat minor dato* », suivant l'expression de Leibnitz, pour qui « la méthode est sûre » dès que ce résultat est atteint. « Le propre de la limite et ce qui fait que la variable ne l'atteint jamais exactement, c'est d'avoir une définition autre que celle de la variable ; et la variable, de son côté, tout en approchant de plus en plus de la limite, ne l'atteint pas, parce qu'elle ne doit jamais cesser de satisfaire à sa définition primitive, laquelle, disons-nous, est différente. La distinction nécessaire entre les deux définitions de la limite et de la variable se retrouve partout... Ce fait, que les deux définitions sont logiquement distinctes et telles, néanmoins, que les objets définis peuvent s'approcher de plus en plus l'un de l'autre[89], rend compte

---

[88] Ch. de Freycinet, *De l'Analyse infinitésimale*, p. 18.
[89] Il serait plus exact de dire que l'un d'eux peut s'approcher de plus en plus de l'autre, puisqu'un seul de ces objets est variable, tandis que l'autre est essentiellement fixe, et qu'ainsi, en raison même de la définition de la limite, leur rapprochement ne peut aucunement être considéré comme constituant une

de ce que paraît avoir d'étrange, au premier abord, l'impossibilité de faire coïncider jamais deux quantités dont on est maître d'ailleurs de diminuer la différence au-delà de toute expression »[90].

Il est à peine besoin de dire que, en vertu de la tendance moderne à tout réduire exclusivement au quantitatif, on n'a pas manqué de reprocher à cette conception de la limite d'introduire une différence qualitative dans la science de la quantité elle-même ; mais, s'il fallait l'écarter pour cette raison, il faudrait également que la géométrie s'interdise entièrement, entre autres choses, la considération de la similitude, qui est purement qualitative aussi, ainsi que nous l'avons déjà expliqué ailleurs, puisqu'elle ne concerne que la forme des figures en faisant abstraction de leur grandeur, donc de tout élément proprement quantitatif. Il est d'ailleurs bon de remarquer, à ce propos, qu'un des principaux usages du calcul différentiel est de déterminer les directions des tangentes en chaque point d'une courbe, directions dont l'ensemble définit la forme même de la courbe, et que direction et forme sont précisément, dans l'ordre spatial, des éléments dont le caractère est essentiellement qualitatif[91]. Au surplus, ce n'est pas une solution que de prétendre supprimer purement et simplement le « passage à la limite », sous

---

relation réciproque et dont les deux termes seraient en quelque sorte interchangeables, cette irréciprocité implique d'ailleurs que leur différence est d'ordre proprement qualitatif.
[90] *Ibid.*, p. 19.
[91] Voir *Le Règne de la Quantité et les Signes des Temps*, ch. IV.

prétexte que le mathématicien peut se dispenser d'y passer effectivement, et que cela ne le gênera nullement pour conduire son calcul jusqu'au bout ; cela peut être vrai, mais ce qui importe est ceci : jusqu'à quel point, dans ces conditions, aura-t-il le droit de considérer ce calcul comme reposant sur un raisonnement rigoureux, et, même si « la méthode est sûre » ainsi, ne sera-ce pas seulement en tant que simple méthode d'approximation ? On pourrait objecter que la conception que nous venons d'exposer rend aussi impossible le « passage à la limite », puisque cette limite a justement pour caractère de ne pouvoir être atteinte ; mais cela n'est vrai qu'en un certain sens, et seulement tant que l'on considère les quantités variables comme telles, car nous n'avons pas dit que la limite ne pouvait aucunement être atteinte, mais, et c'est là ce qu'il est essentiel de bien préciser, qu'elle ne pouvait pas l'être dans la variation et comme terme de celle-ci. Ce qui est véritablement impossible, c'est uniquement la conception du « passage à la limite » comme constituant l'aboutissement d'une variation continue ; nous devons donc substituer une autre conception à celle-là, et c'est ce que nous ferons plus explicitement par la suite.

Chapitre XIII

CONTINUITÉ ET PASSAGE À LA LIMITE

Nous pouvons revenir maintenant à l'examen de la « loi de continuité », ou, plus exactement, de l'aspect de cette loi que nous avions momentanément laissé de côté, et qui est celui par lequel Leibnitz croit pouvoir justifier le « passage à la limite », parce que, pour lui, il en résulte « que, dans les quantités continues, le cas extrême exclusif peut être traité comme inclusif, et qu'ainsi ce dernier cas, bien que totalement différent en nature, est comme contenu à l'état latent dans la loi générale des autres cas »[92]. C'est justement là que réside, bien qu'il ne paraisse pas s'en douter, le principal défaut logique de sa conception de la continuité, comme il est assez facile de s'en rendre compte par les conséquences qu'il en tire et les applications qu'il en fait ; en voici en effet quelques exemples : « En vertu de ma loi de la continuité, il est permis de considérer le repos comme un mouvement infiniment petit, c'est-à-dire comme équivalent à une espèce de son contradictoire, et la coïncidence comme une distance infiniment petite, et l'égalité comme la dernière des inégalités,

---

[92] *Epistola ad V. Cl. Christianum Wolfium, Professorem Matheseos Halensem circa Scientiam Infiniti*, dans les *Acta Eruditorum* de Leipzig, 1713.

etc. »⁹³. Et encore : « D'accord avec cette loi de la continuité qui exclut tout saut dans le changement, le cas du repos peut être regardé comme un cas spécial du mouvement, à savoir comme un mouvement évanouissant ou minimum, et le cas de l'égalité comme un cas d'inégalité évanouissante. Il en résulte que les lois du mouvement doivent être établies de telle façon qu'il n'y ait pas besoin de règles particulières pour les corps en équilibre et en repos, mais que celles-ci naissent d'elles-mêmes des règles concernant les corps en déséquilibre et en mouvement ; ou, si l'on veut énoncer des règles particulières pour le repos et l'équilibre, il faut prendre garde qu'elles ne soient pas telles qu'elles ne puissent s'accorder avec l'hypothèse tenant le repos pour un mouvement naissant ou l'égalité pour la dernière inégalité »⁹⁴. Ajoutons encore cette dernière citation sur ce sujet, où nous trouvons un nouvel exemple d'un genre quelque peu différent des précédents, mais non moins contestable au point de vue logique : « Quoiqu'il ne soit point vrai à la rigueur que le repos est une espèce de mouvement, ou que l'égalité est une espèce d'inégalité, comme il n'est point vrai non plus que le cercle est une espèce de polygone régulier, néanmoins on peut dire que le repos, l'égalité et le cercle terminent les mouvements, les inégalités et les polygones réguliers, qui par un changement continuel y arrivent en évanouissant. Et quoique ces terminaisons soient exclusives, c'est-à-dire non comprises à la rigueur dans les variétés qu'elles bornent, néanmoins elles

---

[93] Lettre déjà citée à Varignon, 2 février 1702.
[94] *Specimen Dynamicum*, déjà cité plus haut.

en ont les propriétés, comme si elles y étaient comprises, suivant le langage des infinies ou infinitésimales, qui prend le cercle, par exemple, pour un polygone régulier dont le nombre des côtés est infini. Autrement la loi de continuité serait violée, c'est-à-dire que, puisqu'on passe des polygones au cercle par un changement continuel et sans faire de saut, il faut aussi qu'il ne se fasse point de saut dans le passage des affections des polygones à celles du cercle »[95].

Il convient de dire que, comme l'indique du reste le début du dernier passage que nous venons de citer, Leibnitz regarde ces assertions comme étant du genre de celles qui ne sont que « *toleranter verae* », et qui, dit-il d'autre part, « servent surtout à l'art d'inventer, bien que, à mon jugement, elles renferment quelque chose de fictif et d'imaginaire, qui peut cependant être facilement rectifié par la réduction aux expressions ordinaires, afin qu'il ne puisse pas se produire d'erreur »[96] ; mais sont-elles même cela, et ne renferment-elles pas plutôt, en réalité, des contradictions pures et simples ? Sans doute, Leibnitz reconnaît que le cas extrême, ou l'« *ultimus casus* » est « *exclusivus* », ce qui suppose manifestement qu'il est en dehors de la série des cas qui rentrent naturellement dans la loi générale ; mais alors de quel droit peut-on le faire rentrer

---

[95] *Justification du Calcul des infinitésimales par celui de l'Algèbre ordinaire*, note annexée à la lettre de Varignon à Leibnitz du 23 mai 1702, dans laquelle elle est mentionnée comme ayant été envoyée par Leibnitz pour être insérée dans le *Journal de Trévoux*. – Leibnitz prend le mot « continuel » dans le sens de « continu ».

[96] *Epistola ad V. Cl. Christianum Wolfium*, déjà citée plus haut.

quand même dans cette loi et le traiter « *ut inclusivum* », c'est-à-dire comme s'il n'était qu'un simple cas particulier compris dans cette série ? Il est vrai que le cercle est la limite d'un polygone régulier dont le nombre des côtés croît indéfiniment, mais sa définition est essentiellement autre que celle des polygones ; et on voit très nettement, dans un exemple comme celui-là, la différence qualitative qui existe, comme nous l'avons dit, entre la limite elle-même et ce dont elle est la limite. Le repos n'est en aucune façon un cas particulier du mouvement, ni l'égalité un cas particulier de l'inégalité, ni la coïncidence un cas particulier de la distance, ni le parallélisme un cas particulier de la convergence ; Leibnitz n'admet d'ailleurs pas qu'ils le soient dans un sens rigoureux, mais il n'en soutient pas moins qu'ils peuvent en quelque manière être regardés comme tels, de sorte que « le genre se termine dans la quasi-espèce opposée »[97], et que quelque chose peut être « équivalent à une espèce de son contradictoire ». C'est du reste, notons-le en passant, au même ordre d'idées que paraît se rattacher la notion de la « virtualité », conçue par Leibnitz, dans le sens spécial qu'il lui donne, comme une puissance qui serait un acte qui commence[98], ce qui n'est pas moins contradictoire encore que

---

[97] *Initia Rerum Mathematicarum Metaphysica*. – Leibnitz dit textuellement : « *genus in quasi-speciem oppositam desinit* », et l'emploi de cette singulière expression « *quasi-species* » semble indiquer tout au moins un certain embarras pour donner une apparence plausible à un tel énoncé.
[98] Il est bien entendu que les mots « acte » et « puissance » sont pris ici dans leur sens aristotélicien et scolastique.

les autres exemples que nous venons de citer.

Qu'on envisage les choses sous quelque point de vue qu'on voudra, on ne voit pas du tout comment une certaine espèce pourrait être un « cas-limite » de l'espèce ou du genre opposé, car ce n'est pas en ce sens que les opposés se limitent réciproquement, mais bien au contraire en ce qu'ils s'excluent, et il est impossible que des contradictoires soient réductibles l'un à l'autre ; et d'ailleurs l'inégalité, par exemple, peut-elle garder une signification autrement que dans la mesure où elle s'oppose à l'égalité et en est la négation ? Nous ne pouvons certes pas dire que des assertions comme celles-là soient même « *toleranter verae* » ; alors même qu'on n'admettrait pas l'existence de genres absolument séparés, il n'en serait pas moins vrai qu'un genre quelconque, défini comme tel, ne peut jamais devenir partie intégrante d'un autre genre également défini et dont la définition n'inclut pas la sienne propre, si même elle ne l'exclut pas formellement comme dans le cas des contradictoires, et que, si une communication peut s'établir entre des genres différents, ce ne peut pas être par où ils diffèrent effectivement, mais seulement par le moyen d'un genre supérieur dans lequel ils rentrent également l'un et l'autre. Une telle conception de la continuité, qui aboutit à supprimer non pas seulement toute séparation, mais même toute distinction effective, en permettant le passage direct d'un genre à un autre sans réduction à un genre supérieur ou plus général, est proprement la négation même de tout principe vraiment logique ; de là à l'affirmation hégélienne de l'« identité des contradictoires », il n'y a qu'un pas qu'il est peu difficile de franchir.

CHAPITRE XIV

LES « QUANTITÉS ÉVANOUISSANTES »

La justification du « passage à la limite » consiste en somme, pour Leibnitz, en ce que le cas particulier des « quantités évanouissantes », comme il dit, doit, en vertu de la continuité, rentrer en un certain sens dans la règle générale ; et d'ailleurs ces quantités évanouissantes ne peuvent pas être regardées comme « des riens absolument », ou comme de purs zéros, car, toujours en raison de la même continuité, elles gardent entre elles un rapport déterminé, et généralement différent de l'unité, dans l'instant même où elles s'évanouissent, ce qui suppose qu'elles sont encore de véritables quantités, quoique « inassignables » par rapport aux quantités ordinaires[99].

Cependant, si les quantités évanouissantes, ou, ce qui revient au même, les quantités infinitésimales, ne sont pas des « riens absolus », et cela même lorsqu'il s'agit des

---

[99] Pour Leibnitz, $\frac{0}{0} = 1$ parce que, dit-il, « un rien vaut l'autre » ; mais, comme on a d'ailleurs, $0 \times n = 0$, et cela quel que soit le nombre n, il est évident qu'on peut tout aussi bien écrire $\frac{0}{0} = 1 = n$, et c'est pourquoi cette expression $\frac{0}{0}$ est généralement regardée comme représentant ce qu'on appelle une « forme indéterminée ».

différentielles d'ordres supérieurs au premier, elles doivent être considérées comme des « riens relatifs », c'est-à-dire que, tout en gardant le caractère de véritables quantités, elles peuvent et doivent même être négligées au regard des quantités ordinaires, avec lesquelles elles sont « incomparables »[100] ; mais, multipliées par des quantités « infinies », ou incomparablement plus grandes que les quantités ordinaires, elles reproduisent des quantités ordinaires, ce qui ne se pourrait pas si elles n'étaient absolument rien. On peut voir, par les définitions que nous avons données précédemment, que la considération du rapport entre les quantités évanouissantes demeurant déterminé se réfère au calcul différentiel, et que celle de la multiplication de ces mêmes quantités évanouissantes par des quantités « infinies » donnant des quantités ordinaires se réfère au calcul intégral. La difficulté, en tout ceci, est d'admettre que des quantités qui ne sont pas absolument nulles doivent cependant être traitées comme nulles dans le calcul, ce qui risque de donner l'impression qu'il ne s'agit que d'une simple approximation ; à cet égard encore, Leibnitz semble parfois invoquer la « loi de continuité », par laquelle le « cas-limite » se trouve ramené à la règle générale, comme le seul postulat qu'exige sa méthode ; mais cet argument est d'ailleurs fort peu clair, et il faut plutôt revenir à la notion des « incomparables », comme il le fait du reste le plus souvent,

---

[100] La différence entre ceci et la comparaison du grain de sable est que dès lors qu'on parle de « quantités évanouissantes », cela suppose nécessairement qu'il s'agit de quantités variables, et non plus de quantités fixes et déterminées, si petites qu'on les suppose d'ailleurs.

pour justifier l'élimination des quantités infinitésimales dans les résultats du calcul.

Leibnitz considère en effet comme égales, non seulement les quantités dont la différence est nulle, mais encore celles dont la différence est incomparable à ces quantités elles-mêmes ; c'est sur cette notion des « incomparables » que repose pour lui, non seulement l'élimination des quantités infinitésimales, qui disparaissent ainsi devant les quantités ordinaires, mais aussi la distinction des différents ordres de quantités infinitésimales ou de différentielles, les quantités de chacun de ces ordres étant incomparables avec celles du précédent, comme celles du premier ordre le sont avec les quantités ordinaires, mais sans qu'on arrive jamais à des « riens absolus ».

« J'appelle grandeurs incomparables, dit Leibnitz, celles dont l'une multipliée par quelque nombre fini que ce soit ne saurait excéder l'autre, de la même façon qu'Euclide l'a pris dans sa cinquième définition du cinquième livre »[101]. Il n'y a d'ailleurs là rien qui indique si cette définition doit s'entendre de quantités fixes et déterminées ou de quantités variables ; mais on peut admettre que, dans toute sa généralité, elle doit s'appliquer indistinctement à l'un et à l'autre cas : toute la question serait alors de savoir si deux quantités fixes, si différentes qu'elles soient dans l'échelle des grandeurs, peuvent jamais être regardées comme réellement

---

[101] Lettre au marquis de l'Hospital, 14-24 juin 1695.

« incomparables », ou si elles ne sont telles que relativement aux moyens de mesure dont nous disposons. Mais il n'y a pas lieu d'insister ici sur ce point, puisque Leibnitz a déclaré lui-même, par ailleurs, que ce cas n'est pas celui des différentielles[102], d'où il faut conclure, non seulement que la comparaison du grain de sable était manifestement fautive en elle-même, mais encore qu'elle ne répondait pas au fond, dans sa propre pensée, à la véritable notion des « incomparables », du moins en tant que cette notion doit s'appliquer aux quantités infinitésimales.

Certains ont cru cependant que le calcul infinitésimal ne pourrait être rendu parfaitement rigoureux qu'à la condition que les quantités infinitésimales puissent être regardées comme nulles, et, en même temps, ils ont pensé à tort qu'une erreur pouvait être supposée nulle dès lors qu'elle pouvait être supposée aussi petite qu'on le veut ; à tort, disons-nous, car cela revient au même que d'admettre qu'une variable, comme telle, peut atteindre sa limite. Voici d'ailleurs ce que Carnot dit à ce sujet :

« Il y a des personnes qui croient avoir suffisamment établi le principe de l'analyse infinitésimale lorsqu'elles ont fait ce raisonnement : il est évident, disent-elles, et avoué de tout le monde que les erreurs auxquelles les procédés de l'analyse infinitésimale donneraient lieu, s'il y en avait, pourraient toujours être supposées aussi petites qu'on le voudrait ; il est

---

[102] Lettre déjà citée à Varignon, 2 février 1702.

évident encore que toute erreur qu'on est maître de supposer aussi petite qu'on le veut est nulle, car, puisqu'on peut la supposer aussi petite qu'on le veut, on peut la supposer zéro ; donc les résultats de l'analyse infinitésimale sont rigoureusement exacts. Ce raisonnement, plausible au premier aspect, n'est cependant rien moins que juste, car il est faux de dire que, parce qu'on est maître de rendre une erreur aussi petite qu'on le veut, on puisse pour cela la rendre absolument nulle... On se trouve dans l'alternative nécessaire ou de commettre une erreur, quelque petite qu'on veuille la supposer, ou de tomber sur une formule qui n'apprend rien et tel est précisément le nœud de la difficulté dans l'analyse infinitésimale »[103].

Il est certain qu'une formule dans laquelle entre un rapport qui se présente sous la forme $\frac{0}{0}$ « n'apprend rien », et on peut même dire qu'elle n'a aucun sens par elle-même ; ce n'est qu'en vertu d'une convention, d'ailleurs justifiée, que l'on peut donner un sens à cette forme $\frac{0}{0}$ en la regardant comme un symbole d'indétermination[104] ; mais cette indétermination même fait que le rapport, pris sous cette forme, pourrait être égal à n'importe quoi, tandis qu'il doit au contraire, dans chaque cas particulier, conserver une valeur déterminée : c'est l'existence de cette valeur déterminée qu'allègue Leibnitz[105], et

---

[103] *Réflexions sur la Métaphysique du Calcul infinitésimal*, p. 36.
[104] Voir la précédente note à ce sujet.
[105] Avec cette différence que, pour lui, le rapport $\frac{0}{0}$ est, non pas indéterminé, mais toujours égal à 1, ainsi que nous l'avons dit plus haut, tandis que la valeur dont il

cet argument est, en lui-même, parfaitement inattaquable[106]. Seulement, il faut bien reconnaître que la notion des « quantités évanouissantes » a, suivant l'expression de Lagrange, « le grand inconvénient de considérer les quantités dans l'état où elles cessent, pour ainsi dire, d'être quantités » ; mais, contrairement à ce que pensait Leibnitz, on n'a pas besoin de les considérer précisément dans l'instant où elles s'évanouissent, ni même d'admettre qu'elles puissent véritablement s'évanouir, car, dans ce cas, elles cesseraient effectivement d'être quantités. Ceci suppose d'ailleurs essentiellement qu'il n'y a pas d'« infiniment petit » pris « à la rigueur », car cet « infiniment petit », ou du moins ce qu'on appellerait ainsi en adoptant le langage de Leibnitz, ne pourrait être que zéro, de même qu'un « infiniment grand », entendu dans le même sens, ne pourrait être que le « nombre infini » ; mais, en réalité, zéro n'est pas un nombre, et il n'y a pas plus de « quantité nulle » que de « quantité infinie ». Le zéro mathématique, dans son acception stricte et rigoureuse, n'est qu'une négation, du moins sous le rapport quantitatif, et on ne peut pas dire que l'absence de quantité constitue encore une quantité ; c'est là un point sur lequel nous allons revenir bientôt pour développer plus complètement les diverses

---

s'agit diffère dans chaque cas.

[106] Cf. Ch. de Freycinet, *De l'Analyse infinitésimale*, pp. 45-46 : « Si les accroissements sont ramenés à l'état de purs zéros, ils n'ont plus aucune signification. Leur propre est d'être, non pas rigoureusement nuls, mais indéfiniment décroissants, sans pouvoir jamais se confondre avec zéro, en vertu de ce principe général qu'une variable ne peut jamais coïncider avec sa limite. »

conséquences qui en résultent.

En somme, l'expression de « quantités évanouissantes » a surtout le tort de prêter à une équivoque, et de faire croire que l'on considère les quantités infinitésimales comme des quantités qui s'annulent effectivement, car, à moins de changer le sens des mots, il est difficile de comprendre que « s'évanouir », quand il s'agit de quantités, puisse vouloir dire autre chose que s'annuler. En réalité, ces quantités infinitésimales, entendues comme des quantités indéfiniment décroissantes, ce qui est leur véritable signification, ne peuvent jamais être dites « évanouissantes » au sens propre de ce mot, et il eût été assurément préférable de ne pas introduire cette notion, qui, au fond, tient à la conception que Leibnitz se faisait de la continuité, et qui, comme telle, comporte inévitablement l'élément de contradiction qui est inhérent à l'illogisme de cette conception elle-même. Maintenant, si une erreur, tout en pouvant être rendue aussi petite qu'on le veut, ne peut jamais devenir absolument nulle, comment le calcul infinitésimal pourra-t-il être vraiment rigoureux, et, si en fait l'erreur n'est que pratiquement négligeable, faudra-t-il conclure de là que ce calcul se réduit à une simple méthode d'approximation, ou du moins, comme l'a dit Carnot, de « compensation » ? C'est là une question que nous aurons encore à résoudre par la suite ; mais, puisque nous avons été amené à parler ici du zéro et de la prétendue « quantité nulle », il vaut mieux traiter d'abord cet autre sujet, dont l'importance, comme on le verra, est fort loin d'être négligeable.

Les principes du calcul infinitésimal

Chapitre XV

ZÉRO N'EST PAS UN NOMBRE

La décroissance indéfinie des nombres ne peut pas plus aboutir à un « nombre nul » que leur croissance indéfinie ne peut aboutir à un « nombre infini », et cela pour la même raison, puisque l'un de ces nombres devrait être l'inverse de l'autre ; en effet, d'après ce que nous avons dit précédemment au sujet des nombres inverses, qui sont également éloignés de l'unité dans les deux suites, l'une croissante et l'autre décroissante, qui ont pour point de départ commun cette unité, et comme il y a nécessairement autant de termes dans l'une de ces suites que dans l'autre, les derniers termes, qui seraient le « nombre infini » et le « nombre nul », devraient eux-mêmes, s'ils existaient, être également éloignés de l'unité, donc être inverses l'un de l'autre[107]. Dans ces conditions, si le signe ∞

---

[107] Ceci serait représenté, suivant la notation ordinaire, par la formule $0 \times \infty = 1$; mais, en fait, la forme $0 \times \infty$ est encore, comme $\frac{0}{0}$, une « forme indéterminée », et l'on peut écrire $0 \times \infty = n$, en désignant par n un nombre quelconque, ce qui montre d'ailleurs déjà que, en réalité, 0 et ∞ ne peuvent pas être regardés comme représentant des nombres déterminés ; nous reviendrons d'ailleurs sur ce point. Il est à remarquer, d'autre part, que $0 \times \infty$ correspond, à l'égard des « limites de sommes » du calcul intégral, à ce qu'est $\frac{0}{0}$ à l'égard des « limites de rapports » du calcul différentiel.

n'est en réalité que le symbole des quantités indéfiniment croissantes, le signe 0 devrait logiquement pouvoir être pris de même comme symbole des quantités indéfiniment décroissantes, afin d'exprimer dans la notation la symétrie qui existe, comme nous l'avons dit, entre les unes et les autres ; mais, malheureusement, ce signe 0 a déjà une tout autre signification, car il sert originairement à désigner l'absence de toute quantité, tandis que le signe ∞ n'a aucun sens réel qui corresponde à celui-là. C'est là une nouvelle source de confusions, comme celles qui se produisent à propos des « quantités évanouissantes », et il faudrait, pour les éviter, créer pour les quantités indéfiniment décroissantes un autre symbole différent du zéro, puisque ces quantités ont pour caractère de ne jamais pouvoir s'annuler dans leur variation ; en tout cas, avec la notation actuellement employée par les mathématiciens, il semble à peu près impossible que de telles confusions ne se produisent pas.

Si nous insistons sur cette remarque que zéro, en tant qu'il représente l'absence de toute quantité, n'est pas un nombre et ne peut pas être considéré comme tel, bien que cela puisse en somme paraître assez évident à ceux qui n'ont jamais eu l'occasion de prendre connaissance de certaines discussions, c'est que, dès lors qu'on admet l'existence d'un « nombre nul », qui doit être le « plus petit des nombres », on est forcément conduit à supposer corrélativement, comme son inverse, un « nombre infini », dans le sens du « plus grand des nombres ». Si donc on accepte ce postulat que zéro est un nombre, l'argumentation en faveur du « nombre infini » peut être ensuite parfaitement logique[108] ; mais c'est précisément ce postulat que nous devons rejeter, car, si les conséquences qui s'en déduisent sont contradictoires, et nous avons vu que l'existence du « nombre infini » l'est effectivement, c'est que, en lui-même, il implique déjà contradiction. En effet, la négation de la quantité ne peut aucunement être assimilée à une quantité ; la négation du nombre ou de la grandeur ne peut en aucun sens ni à aucun degré constituer une espèce du nombre ou de la grandeur ; prétendre le contraire, c'est soutenir que quelque chose peut être, suivant l'expression de Leibnitz, « équivalent à une espèce de son contradictoire », et autant vaudrait dire tout de suite que la négation de la logique est la logique même.

Il est donc contradictoire de parler de zéro comme d'un nombre, ou de supposer un « zéro de grandeur » qui serait encore une grandeur, d'où résulterait forcément la considération d'autant de zéros distincts qu'il y a de sortes différentes de grandeurs ; en réalité, il ne peut y avoir que le zéro pur et simple, qui n'est pas autre chose que la négation de la quantité, sous quelque mode que celle-ci soit d'ailleurs envisagée[109]. Dès lors que tel est le véritable sens du zéro

---

[108] En fait, c'est sur ce postulat que repose en grande partie l'argumentation de L. Couturat dans sa thèse *De l'infini mathématique*.

[109] Il résulte encore de là que zéro ne peut pas être considéré comme une limite au sens mathématique de ce mot, car une limite véritable est toujours, par définition, une quantité ; il est d'ailleurs évident qu'une quantité qui décroît indéfiniment n'a pas plus de limite qu'une quantité qui croît indéfiniment, ou que du moins l'une et l'autre ne peuvent avoir d'autres limites que celles qui résultent nécessairement de la nature même de la quantité comme telle, ce qui est une acception assez

arithmétique pris « à la rigueur », il est évident que ce sens n'a rien de commun avec la notion des quantités indéfiniment décroissantes, qui sont toujours des quantités, et non une absence de quantité, non plus que quelque chose qui serait en quelque sorte intermédiaire entre le zéro et la quantité, ce qui serait encore une conception parfaitement inintelligible, et qui, dans son ordre, rappellerait d'ailleurs d'assez près celle de la « virtualité » leibnitzienne dont nous avons dit quelques mots précédemment.

Nous pouvons maintenant revenir à l'autre signification que le zéro a en fait dans la notation habituelle, afin de voir comment les confusions dont nous avons parlé ont pu s'introduire : nous avons dit précédemment qu'un nombre peut être regardé en quelque sorte comme pratiquement indéfini dès qu'il ne nous est plus possible de l'exprimer ou de le représenter distinctement d'une façon quelconque ; un tel nombre, quel qu'il soit, pourra seulement, dans l'ordre croissant, être symbolisé par le signe ∞, en tant que celui-ci représente l'indéfiniment grand ; il ne s'agit donc pas là d'un nombre déterminé, mais bien de tout un domaine, ce qui est d'ailleurs nécessaire pour qu'il soit possible d'envisager, dans l'indéfini, des inégalités et même des ordres différents de grandeur. Il manque, dans la notation mathématique, un

---

différente de ce même mot de « limite », bien qu'il y ait d'ailleurs entre ces deux sens un certain rapport que nous indiquerons plus loin ; mathématiquement, on ne peut parler que de la limite du rapport de deux quantités indéfiniment croissantes ou de deux quantités indéfiniment décroissantes, et non pas de la limite de ces quantités elles-mêmes.

autre symbole pour représenter le domaine qui correspond à celui-là dans l'ordre décroissant, c'est-à-dire ce qu'on peut appeler le domaine de l'indéfiniment petit ; mais, comme un nombre appartenant à ce domaine est, en fait, négligeable dans les calculs, on a pris l'habitude de le considérer comme pratiquement nul, bien que ce ne soit là qu'une simple approximation résultant de l'imperfection inévitable de nos moyens d'expression et de mesure, et c'est sans doute pour cette raison qu'on en est arrivé à le symboliser par le même signe 0 qui représente d'autre part l'absence rigoureuse de toute quantité. C'est seulement en ce sens que ce signe 0 devient en quelque sorte symétrique du signe ∞, et qu'ils peuvent être placés respectivement aux deux extrémités de la série des nombres, telle que nous l'avons considérée précédemment comme s'étendant indéfiniment, par les nombres entiers et par leurs inverses, dans les deux sens croissant et décroissant. Cette série se présente alors sous la forme suivante :

$$0 \ldots \ldots \frac{1}{4} + \frac{1}{3} + \frac{1}{2}, 1, 2, 3, 4 \ldots \ldots$$

mais il faut bien prendre garde que 0 et ∞ représentent, non point deux nombres déterminés, qui termineraient la série dans les deux sens, mais deux domaines indéfinis, dans lesquels il ne saurait au contraire y avoir de derniers termes, en raison de leur indéfinité même ; il est d'ailleurs évident que le zéro ne saurait être ici ni un « nombre nul », qui serait un dernier terme dans le sens décroissant, ni une négation ou une absence de toute quantité, qui ne peut avoir aucune place dans cette série de quantités numériques.

Dans cette même série, comme nous l'avons expliqué précédemment, deux nombres équidistants de l'unité centrale sont inverses ou complémentaires l'un de l'autre, donc reproduisent l'unité par leur multiplication : $\frac{1}{n} \times n = 1$, de sorte que, pour les deux extrémités de la série, on serait amené à écrire aussi $0 \times \infty = 1$; mais, du fait que les signes 0 et ∞ qui sont les deux facteurs de ce dernier produit, ne représentent pas des nombres déterminés, il s'ensuit que l'expression $0 \times \infty$ elle-même constitue un symbole d'indétermination ou ce qu'on appelle une « forme indéterminée », et l'on doit alors écrire $0 \times \infty = n$, n étant un nombre quelconque[110] ; il n'en est pas moins vrai que, de toute façon, on est ramené ainsi au fini ordinaire, les deux indéfinités opposées se neutralisant pour ainsi dire l'une l'autre. On voit encore très nettement ici, une fois de plus, que le symbole ∞ ne représente point l'Infini, car l'Infini, dans son vrai sens, ne peut avoir ni opposé ni complémentaire, et il ne peut entrer en corrélation avec quoi que ce soit, pas plus avec le zéro, en quelque sens qu'on l'entende, qu'avec l'unité ou avec un nombre quelconque, ni d'ailleurs avec une chose particulière de quelque ordre que ce soit, quantitatif ou non ; étant le Tout universel et absolu, il contient aussi bien le Non-Être que l'Être, de sorte que le zéro lui-même, dès lors qu'il n'est pas regardé comme un pur

---

[110] Voir la précédente note à ce sujet.

néant, doit nécessairement être considéré aussi comme compris dans l'Infini.

En faisant allusion ici au Non-Être, nous touchons à une autre signification du zéro, toute différente de celles que nous venons d'envisager, et qui est d'ailleurs la plus importante au point de vue de son symbolisme métaphysique ; mais, à cet égard, il est nécessaire, pour éviter toute confusion entre le symbole et ce qu'il représente, de bien préciser que le Zéro métaphysique, qui est le Non-Être, n'est pas plus le zéro de quantité que l'Unité métaphysique, qui est l'Être, n'est l'unité arithmétique ; ce qui est ainsi désigné par ces termes ne peut l'être que par transposition analogique, puisque, dès lors qu'on se place dans l'Universel, on est évidemment au-delà de tout domaine spécial comme celui de la quantité. Ce n'est d'ailleurs pas en tant qu'il représente l'indéfiniment petit que le zéro peut, par une telle transposition, être pris comme symbole du Non-Être, mais en tant que, suivant son acception mathématique la plus rigoureuse, il représente l'absence de quantité, qui en effet symbolise dans son ordre la possibilité de non-manifestation, de même que l'unité symbolise la possibilité de manifestation, étant le point de départ de la multiplicité indéfinie des nombres comme l'Être est le principe de toute manifestation[111].

Ceci nous conduit encore à remarquer que, de quelque façon qu'on envisage le zéro, il ne saurait en tout cas être pris

---

[111] Sur ce sujet, voir *Les États multiples de l'être*, ch. III.

pour un pur néant, qui ne correspond métaphysiquement qu'à l'impossibilité, et qui d'ailleurs ne peut logiquement être représenté par rien. Cela est trop évident lorsqu'il s'agit de l'indéfiniment petit ; il est vrai que ce n'est là, si l'on veut, qu'un sens dérivé, dû, comme nous le disions tout à l'heure, à une sorte d'assimilation approximative d'une quantité négligeable pour nous à l'absence de toute quantité ; mais, en ce qui concerne l'absence même de quantité, ce qui est nul sous ce rapport peut fort bien ne point l'être sous d'autres rapports, comme on le voit clairement par un exemple comme celui du point, qui, étant indivisible, est par là même inétendu, c'est-à-dire spatialement nul[112], mais qui n'en est pas moins, ainsi que nous l'avons exposé ailleurs, le principe même de toute l'étendue[113]. Il est d'ailleurs vraiment étrange que les mathématiciens aient généralement l'habitude d'envisager le zéro comme un pur néant, et que cependant il leur soit impossible de ne pas le regarder en même temps comme doué d'une puissance indéfinie, puisque, placé à la droite d'un autre chiffre dit « significatif », il contribue à former la représentation d'un nombre qui, par la répétition de ce même zéro, peut croître indéfiniment, comme il en est, par exemple, dans le cas du nombre dix et de ses puissances successives. Si réellement le zéro n'était qu'un pur néant, il ne pourrait pas en être ainsi, et même, à vrai dire, il ne serait alors qu'un signe inutile, entièrement dépourvu de toute

---

[112] C'est pourquoi, ainsi que nous l'avons dit plus haut, le point ne peut en aucune façon être considéré comme constituant un élément ou une partie de l'étendue.
[113] Voir *Le Symbolisme de la Croix*, ch. XVI.

valeur effective ; il y a donc là, dans les conceptions mathématiques modernes, encore une autre inconséquence à ajouter à toutes celles que nous avons déjà eu l'occasion de signaler jusqu'ici.

Chapitre XVI

LA NOTATION DES NOMBRES NÉGATIFS

Si nous revenons à la seconde des deux significations mathématiques du zéro, c'est-à-dire au zéro considéré comme représentant l'indéfiniment petit, ce qu'il importe avant tout de bien retenir, c'est que le domaine de celui-ci comprend, dans la suite doublement indéfinie des nombres, tout ce qui est au-delà de nos moyens d'évaluation dans un certain sens, de même que le domaine de l'indéfiniment grand comprend, dans cette même suite, tout ce qui est au-delà de ces mêmes moyens d'évaluation dans l'autre sens. Cela étant, il n'y a donc évidemment pas lieu de parler de nombres « moindres que zéro », pas plus que de nombres « plus grands que l'indéfini » ; et cela est encore plus inacceptable, s'il est possible, lorsque le zéro, dans son autre signification, représente purement et simplement l'absence de toute quantité, car une quantité qui serait moindre que rien est proprement inconcevable. C'est cependant ce qu'on a voulu faire, en un certain sens, en introduisant en mathématiques la considération des nombres dits négatifs, et en oubliant, par un effet du « conventionnalisme » moderne, que ces nombres, à l'origine, ne sont rien de plus que l'indication du résultat d'une soustraction réellement impossible, par laquelle un nombre plus grand devrait être retranché d'un nombre plus petit ; nous avons déjà fait remarquer, du reste, que toutes les généralisations ou les extensions de l'idée de nombre ne proviennent en fait que de la considération d'opérations impossibles au point de vue de l'arithmétique pure ; mais cette conception des nombres négatifs et les conséquences qu'elle entraîne demandent encore quelques autres explications.

Nous avons dit précédemment que la suite des nombres entiers est formée à partir de l'unité, et non à partir de zéro ; en effet, l'unité étant posée, toute la suite des nombres s'en déduit de telle sorte qu'on peut dire qu'elle est déjà impliquée et contenue en principe dans cette unité initiale[114], au lieu que de zéro on ne peut évidemment tirer aucun nombre. Le passage de zéro à l'unité ne peut se faire de la même façon que le passage de l'unité aux autres nombres, ou d'un nombre quelconque au nombre suivant, et, au fond, supposer possible ce passage de zéro à l'unité, c'est avoir déjà posé implicitement l'unité[115]. Enfin, poser zéro au début de la suite des nombres, comme s'il était le premier de cette suite, ne peut avoir que deux significations : ou bien c'est admettre

---

[114] De même, par transposition analogique, toute la multiplicité indéfinie des possibilités de manifestation est contenue en principe et « éminemment » dans l'Être pur ou l'Unité métaphysique.

[115] Cela apparaît d'une façon tout à fait évidente si, conformément à la loi générale de formation de la suite des nombres, on représente ce passage par la formule $0 + 1 = 1$.

réellement que zéro est un nombre, contrairement à ce que nous avons établi, et, par suite, qu'il peut avoir avec les autres nombres des rapports de même ordre que les rapports de ces nombres entre eux, ce qui n'est pas, puisque zéro multiplié ou divisé par un nombre quelconque donne toujours zéro ; ou bien c'est un simple artifice de notation, qui ne peut qu'entraîner des confusions plus ou moins inextricables. En fait, l'emploi de cet artifice ne se justifie guère que pour permettre l'introduction de la notation des nombres négatifs, et, si l'usage de cette notation offre sans doute certains avantages pour la commodité des calculs, considération toute « pragmatique » qui n'est pas en cause ici et qui est même sans importance véritable à notre point de vue, il est facile de se rendre compte qu'il n'est pas sans présenter d'autre part de graves inconvénients logiques. La première de toutes les difficultés auxquelles il donne lieu à cet égard, c'est précisément la conception des quantités négatives comme « moindres que zéro », que Leibnitz rangeait parmi les affirmations qui ne sont que « *toleranter verae* », mais qui, en réalité, est, comme nous le disions tout à l'heure, entièrement dépourvue de toute signification. « Avancer qu'une quantité négative isolée est moindre que zéro, a dit Carnot, c'est couvrir la science des mathématiques, qui doit être celle de l'évidence, d'un nuage impénétrable, et s'engager dans un labyrinthe de paradoxes tous plus bizarres les uns que les autres »[116]. Sur ce point, nous pouvons nous en tenir à ce

---

[116] « Note sur les quantités négatives » placée à la fin des *Réflexions sur la Métaphysique du Calcul infinitésimal*, p. 173.

jugement, qui n'est pas suspect et n'a certainement rien d'exagéré ; on ne devrait d'ailleurs jamais oublier, dans l'usage qu'on fait de cette notation des nombres négatifs, qu'il ne s'agit là de rien de plus que d'une simple convention.

La raison de cette convention est la suivante : lorsqu'une soustraction est arithmétiquement impossible, son résultat est cependant susceptible d'une interprétation dans le cas où cette soustraction se rapporte à des grandeurs qui peuvent être comptées en deux sens opposés, comme, par exemple, les distances mesurées sur une ligne, ou les angles de rotation autour d'un point fixe, ou encore les temps comptés en allant, à partir d'un certain instant, vers le futur ou vers le passé. De là la représentation géométrique qu'on donne habituellement de ces nombres négatifs : si l'on considère une droite entière, indéfinie dans les deux sens, et non plus seulement une demi-droite comme nous l'avions fait précédemment, on compte, sur cette droite, les distances comme positives ou comme négatives suivant qu'elles sont parcourues dans un sens ou dans l'autre, et on fixe un point pris comme origine, à partir duquel les distances sont dites positives d'un côté et négatives de l'autre. À chaque point de la droite correspondra un nombre qui sera la mesure de sa distance à l'origine, et que nous pouvons, pour simplifier le langage, appeler son coefficient ; l'origine elle-même, dans ce cas encore, aura naturellement pour coefficient zéro, et le coefficient de tout autre point de la droite sera un nombre affecté du signe + ou −, signe qui, en réalité, indiquera simplement de quel côté ce point est situé par rapport à l'origine. Sur une circonférence, on pourra de même distinguer un sens positif et un sens négatif de rotation, et compter, à partir d'une position initiale du rayon, les angles comme positifs ou comme négatifs suivant qu'ils seront décrits dans l'un ou l'autre de ces deux sens, ce qui donnerait lieu à des remarques analogues. Pour nous en tenir à la considération de la droite, deux points équidistants de l'origine, de part et d'autre de celle-ci, auront pour coefficient le même nombre, mais avec des signes contraires, et un point plus éloigné de l'origine qu'un autre aura naturellement pour coefficient, dans tous les cas, un nombre plus grand ; on voit par là que, si un nombre n est plus grand qu'un autre nombre m, il est absurde de dire, comme on le fait d'ordinaire, que $-n$ est plus petit que $-m$, puisqu'il représente au contraire une distance plus grande. D'ailleurs, le signe placé ainsi devant un nombre ne peut réellement le modifier en aucune façon au point de vue de la quantité, puisqu'il ne représente rien qui se rapporte à la mesure des distances elles-mêmes, mais seulement la direction dans laquelle ces distances sont parcourues, direction qui est un élément d'ordre proprement qualitatif et non pas quantitatif[117].

D'autre part, la droite étant indéfinie dans les deux sens,

---

[117] Voir *Le Règne de la Quantité et les Signes des Temps*, ch. IV. – On pourrait se demander s'il n'y a pas comme une sorte de souvenir inconscient de ce caractère qualitatif dans le fait que les mathématiciens désignent encore parfois les nombres pris « avec leur signe », c'est-à-dire considérés comme positifs ou négatifs, sous le nom de « nombres qualifiés », quoique d'ailleurs ils semblent n'attacher aucun sens bien net à cette expression.

on est amené à envisager un indéfini positif et un indéfini négatif, qu'on représente respectivement par les signes $+\infty$ et $-\infty$, et qu'on désigne communément par les expressions absurdes de « plus l'infini » et « moins l'infini » ; on se demande ce que pourrait bien être un infini négatif, ou encore ce qui pourrait bien subsister si de quelque chose ou même de rien, puisque les mathématiciens regardent le zéro comme rien, on retranchait l'infini ; ce sont là de ces choses qu'il suffit d'énoncer en langage clair pour voir immédiatement qu'elles sont dépourvues de toute signification. Il faut encore ajouter qu'on est ensuite conduit, en particulier dans l'étude de la variation des fonctions, à regarder l'indéfini négatif comme se confondant avec l'indéfini positif, de telle sorte qu'un mobile parti de l'origine et s'en éloignant constamment dans le sens positif reviendrait vers elle du côté négatif, ou inversement, si son mouvement se poursuivait pendant un temps indéfini, d'où il résulte que la droite, ou ce qui est considéré comme tel, doit être en réalité une ligne fermée, bien qu'indéfinie. On pourrait d'ailleurs montrer que les propriétés de la droite dans le plan sont entièrement analogues à celles d'un grand cercle ou cercle diamétral sur la surface d'une sphère, et qu'ainsi le plan et la droite peuvent être assimilés à une sphère et à un grand cercle de rayon indéfiniment grand, et par suite de courbure indéfiniment petite, les cercles ordinaires du plan l'étant alors aux petits cercles de cette même sphère ; cette assimilation, pour devenir rigoureuse, suppose d'ailleurs un « passage à la limite », car il est évident que, si grand que le rayon devienne dans sa croissance indéfinie, on a toujours une sphère et non un plan, et que cette sphère tend seulement à se confondre avec le plan et ses grands cercles avec des droites, de telle sorte que plan et droite sont ici des limites, de la même façon que le cercle est la limite d'un polygone régulier dont le nombre des côtés croît indéfiniment. Sans y insister davantage, nous ferons seulement remarquer qu'on saisit en quelque sorte directement, par des considérations de ce genre, les limites mêmes de l'indéfinité spatiale ; comment donc, en tout ceci, peut-on, si l'on veut garder quelque apparence de logique, parler encore d'infini ?

En considérant les nombres positifs et négatifs comme nous venons de le dire, la série des nombres prend la forme suivante :

$$-\infty \ldots \ldots -4, -3, -2, -1, 0, 1, 2, 3, 4, \ldots \ldots +\infty,$$

l'ordre de ces nombres étant le même que celui des points correspondants sur la droite, c'est-à-dire des points qui ont ces mêmes nombres pour coefficients respectifs, ce qui est d'ailleurs la marque de l'origine réelle de la série ainsi formée. Cette série, bien qu'elle soit également indéfinie dans les deux sens, est tout à fait différente de celle que nous avons envisagée précédemment et qui comprenait les nombres entiers et leurs inverses : elle est symétrique, non plus par rapport à l'unité, mais par rapport au zéro, qui correspond à l'origine des distances ; et, si deux nombres équidistants de ce terme central le reproduisent encore, ce n'est plus par multiplication comme dans le cas des nombres inverses, mais par addition « algébrique », c'est-à-dire effectuée en tenant compte de leurs signes, ce qui ici est arithmétiquement une soustraction. D'autre part, cette nouvelle série n'est aucunement, comme l'était la précédente, indéfiniment croissante dans un sens et indéfiniment décroissante dans l'autre, ou du moins, si l'on prétend la considérer ainsi, ce n'est que par une « façon de parler » des plus incorrectes, qui est celle-là même par laquelle on envisage des nombres « plus petits que zéro » ; en réalité, cette série est indéfiniment croissante dans les deux sens également, puisque ce qu'elle comprend de part et d'autre du zéro central, c'est la même suite des nombres entiers ; ce qu'on appelle la « valeur absolue », expression d'ailleurs assez singulière encore, doit seul être pris en considération sous le rapport purement quantitatif, et les signes positifs ou négatifs ne changent rien à cet égard, puisque, en réalité, ils n'expriment pas autre chose que les relations de « situation » que nous avons expliquées tout à l'heure. L'indéfini négatif n'est donc nullement assimilable à l'indéfiniment petit ; au contraire, il est, tout aussi bien que l'indéfini positif, de l'indéfiniment grand ; la seule différence, et qui n'est pas d'ordre quantitatif, c'est qu'il se développe dans une autre direction, ce qui est parfaitement concevable lorsqu'il s'agit de grandeurs spatiales ou temporelles, mais totalement dépourvu de sens pour des grandeurs arithmétiques, pour lesquelles un tel développement est nécessairement unique, ne pouvant être autre que celui de la suite même des nombres entiers.

Parmi les autres conséquences bizarres ou illogiques de la notation des nombres négatifs, nous signalerons encore la considération, introduite par la résolution des équations algébriques, des quantités dites « imaginaires », que Leibnitz, comme nous l'avons vu, rangeait, au même titre que les quantités infinitésimales, parmi ce qu'il appelait des « fictions bien fondées » ; ces quantités, ou soi-disant telles, se présentent comme racines des nombres négatifs, ce qui, en réalité, ne répond encore qu'à une impossibilité pure et simple, puisque, qu'un nombre soit positif ou négatif, son carré est toujours nécessairement positif en vertu des règles de la multiplication algébrique. Même si l'on pouvait, en donnant à ces quantités « imaginaires » un autre sens, réussir à les faire correspondre à quelque chose de réel, ce que nous n'examinerons pas ici, il est bien certain, en tout cas, que leur théorie et son application à la géométrie analytique, telles qu'elles sont exposées par les mathématiciens actuels, n'apparaissent guère que comme un véritable tissu de confusions et même d'absurdités, et comme le produit d'un besoin de généralisations excessives et tout artificielles, qui ne recule même pas devant l'énoncé de propositions manifestement contradictoires ; certains théorèmes sur les « asymptotes du cercle », par exemple, suffiraient amplement à prouver que nous n'exagérons rien. On pourra dire, il est vrai, que ce n'est pas là de la géométrie proprement dite, mais seulement, comme la considération de la « quatrième dimension » de l'espace[118], de l'algèbre traduite en langage

---

[118] Cf. *Le Règne de la Quantité et les Signes des Temps*, ch. XVIII et XXIII.

géométrique ; mais ce qui est grave, précisément, c'est que, parce qu'une telle traduction, aussi bien que son inverse, est possible et légitime dans une certaine mesure, on veuille l'étendre aussi aux cas où elle ne peut plus rien signifier, car c'est bien là le symptôme d'une extraordinaire confusion dans les idées, en même temps que l'extrême aboutissement d'un « conventionalisme » qui va jusqu'à faire perdre le sens de toute réalité.

Chapitre XVII

REPRÉSENTATION DE L'ÉQUILIBRE DES FORCES

À propos des nombres négatifs, et bien que ce ne soit là qu'une digression par rapport au sujet principal de notre étude, nous parlerons encore des conséquences très contestables de l'emploi de ces nombres au point de vue de la mécanique ; celle-ci, d'ailleurs, est en réalité, par son objet, une science physique, et le fait même de la traiter comme une partie intégrante des mathématiques, conséquence du point de vue exclusivement quantitatif de la science actuelle, n'est pas sans y introduire d'assez singulières déformations. Disons seulement, à cet égard, que les prétendus « principes » sur lesquels les mathématiciens modernes font reposer cette science telle qu'ils la conçoivent, et qui ne sont appelés ainsi que d'une façon tout à fait abusive, ne sont proprement que des hypothèses plus ou moins bien fondées, ou encore, dans le cas le plus favorable, de simples lois plus ou moins générales, peut-être plus générales que d'autres, si l'on veut, mais qui n'ont en tout cas rien de commun avec les véritables principes universels, et qui, dans une science constituée suivant le point de vue traditionnel, ne seraient tout au plus que des applications de ces principes à un domaine encore très spécial. Sans vouloir entrer dans de trop longs développements, nous citerons, comme exemple du premier cas, le soi-disant « principe d'inertie », que rien ne saurait justifier, ni l'expérience qui montre au contraire qu'il n'y a nulle part d'inertie dans la nature, ni l'entendement qui ne peut concevoir cette prétendue inertie, celle-ci ne pouvant consister que dans l'absence complète de toute propriété ; on pourrait seulement appliquer légitimement un tel mot à la potentialité pure de la substance universelle, ou de la *materia prima* des scolastiques, qui est d'ailleurs, pour cette raison même, proprement « inintelligible » ; mais cette *materia prima* est assurément tout autre chose que la « matière » des physiciens[119]. Un exemple du second cas est ce qu'on appelle le « principe de l'égalité de l'action et de la réaction », qui est si peu un principe qu'il se déduit immédiatement de la loi générale de l'équilibre des forces naturelles : chaque fois que cet équilibre est rompu d'une façon quelconque, il tend aussitôt à se rétablir, d'où une réaction dont l'intensité est équivalente à celle de l'action qui l'a provoquée ; ce n'est donc là qu'un simple cas particulier de ce que la tradition extrême-orientale appelle les « actions et réactions concordantes », qui ne concernent point le seul monde corporel comme les lois de la mécanique, mais bien l'ensemble de la manifestation sous tous ses modes et dans tous ses états ; c'est précisément sur cette question de l'équilibre et de sa représentation mathématique que nous nous proposons

---

[119] Cf. *Le Règne de la Quantité et les Signes des Temps*, ch. II.

d'insister ici quelque peu, car elle est assez importante en elle-même pour mériter qu'on s'y arrête un instant.

On représente habituellement deux forces qui se font équilibre par deux « vecteurs » opposés, c'est-à-dire par deux segments de droite d'égale longueur, mais dirigés en sens contraires : si deux forces appliquées en un même point ont la même intensité et la même direction, mais en sens contraires, elles se font équilibre ; comme elles sont alors sans action sur leur point d'application, on dit même communément qu'elles se détruisent, sans prendre garde que, si l'on supprime l'une de ces forces, l'autre agit aussitôt, ce qui prouve qu'elle n'était nullement détruite en réalité. On caractérise les forces par des coefficients numériques proportionnels à leurs intensités respectives, et deux forces de sens contraires sont affectées de coefficients de signes différents, l'un positif et l'autre négatif : l'un étant f, l'autre sera $-f'$. Dans le cas que nous venons de considérer, les deux forces ayant la même intensité, les coefficients qui les caractérisent doivent être égaux « en valeur absolue », et l'on a $f = f'$, d'où l'on déduit, comme condition de l'équilibre, $f - f' = 0$, c'est-à-dire que la somme algébrique des deux forces, ou des deux « vecteurs » qui les représentent, est nulle, de telle sorte que l'équilibre est ainsi défini par zéro. Les mathématiciens ayant d'ailleurs, ainsi que nous l'avons déjà dit plus haut, le tort de regarder le zéro comme une sorte de symbole du néant, comme si le néant pouvait être symbolisé par quoi que ce soit, il semble résulter de là que l'équilibre est l'état de non-existence, ce qui est une conséquence assez singulière ; c'est même sans doute pour cette raison que, au lieu de dire que deux forces qui se font équilibre se neutralisent, ce qui serait exact, on dit qu'elles se détruisent, ce qui est contraire à la réalité, ainsi que nous venons de le faire voir par une remarque des plus simples.

La véritable notion de l'équilibre est tout autre que celle-là : pour la comprendre, il suffit de remarquer que toutes les forces naturelles, et non pas seulement les forces mécaniques, qui, redisons-le encore, n'en sont rien de plus qu'un cas très particulier, mais les forces de l'ordre subtil aussi bien que celles de l'ordre corporel, sont ou attractives ou répulsives ; les premières peuvent être considérées comme forces compressives ou de contraction, les secondes comme forces expansives ou de dilatation[120] ; et, au fond, ce n'est pas là autre chose qu'une expression, dans ce domaine, de la dualité cosmique fondamentale elle-même. Il est facile de comprendre que, dans un milieu primitivement homogène, à toute compression se produisant en un point correspondra

---

[120] Si l'on considère la notion ordinaire des forces centripètes et centrifuges, on peut se rendre compte sans peine que les premières se ramènent aux forces compressives et les secondes aux forces expansives ; de même, une force de traction est assimilable à une force expansive, puisqu'elle s'exerce à partir de son point d'application, et une force d'impulsion ou de choc est assimilable à une force compressive, puisqu'elle s'exerce au contraire vers ce même point d'application ; mais, si on les envisageait par rapport à leur point d'émission, c'est l'inverse qui serait vrai, ce qui est d'ailleurs exigé par la loi de la polarité. – Dans un autre domaine, la « coagulation » et la « solution » hermétiques correspondent aussi respectivement à la compression et à l'expansion.

nécessairement en un autre point une expansion équivalente, et inversement, de sorte qu'on devra toujours envisager corrélativement deux centres de forces dont l'un ne peut pas exister sans l'autre ; c'est là ce qu'on peut appeler la loi de la polarité, qui est, sous des formes diverses, applicable à tous les phénomènes naturels, parce qu'elle dérive, elle aussi, de la dualité des principes mêmes qui président à toute manifestation ; cette loi, dans le domaine spécial dont s'occupent les physiciens, est surtout évidente dans les phénomènes électriques et magnétiques, mais elle ne se limite aucunement à ceux-là. Si maintenant deux forces, l'une compressive et l'autre expansive, agissent sur un même point, la condition pour qu'elles se fassent équilibre ou se neutralisent, c'est-à-dire pour qu'en ce point il ne se produise ni contraction ni dilatation, est que les intensités de ces deux forces soient équivalentes ; nous ne disons pas égales, puisque ces forces sont d'espèces différentes, et que d'ailleurs il s'agit bien en cela d'une différence réellement qualitative et non pas simplement quantitative. On peut caractériser les forces par des coefficients proportionnels à la contraction ou à la dilatation qu'elles produisent, de telle sorte que, si l'on envisage une force compressive et une force expansive, la première sera affectée d'un coefficient $n > 1$, et la seconde d'un coefficient $n' < 1$; chacun de ces coefficients peut être le rapport de la densité que prend le milieu ambiant au point considéré, sous l'action de la force correspondante, à la densité primitive de ce même milieu, supposé homogène à cet égard lorsqu'il ne subit l'action d'aucune force, en vertu d'une simple application du principe de raison suffisante [121]. Lorsqu'il ne se produit ni compression ni dilatation, ce rapport est forcément égal à l'unité, puisque la densité du milieu n'est pas modifiée ; pour que deux forces agissant en un point se fassent équilibre, il faut donc que leur résultante ait pour coefficient l'unité. Il est facile de voir que le coefficient de cette résultante est le produit, et non plus la somme comme dans la conception ordinaire, des coefficients des deux forces considérées ; ces deux coefficients n et n' devront donc être deux nombres inverses l'un de l'autre : $n' = \dfrac{1}{n}$ et l'on aura, comme n condition de l'équilibre, $nn' = 1$; ainsi, l'équilibre sera défini, non plus par le zéro, mais par l'unité [122]. On voit que cette définition de l'équilibre par l'unité, qui est la seule réelle, correspond au fait que l'unité occupe le milieu dans la suite doublement indéfinie des nombres entiers et de leurs inverses, tandis que cette place centrale est en quelque sorte usurpée par le zéro dans la suite artificielle des nombres positifs et négatifs. Bien loin d'être l'état de non-existence, l'équilibre est au contraire l'existence envisagée en elle-même, indépendamment de ses manifestations secondaires et multiples ; il est d'ailleurs bien entendu que ce n'est point le Non-Être, au sens métaphysique

---

[121] Il est bien entendu que, quand nous parlons ainsi du principe de raison suffisante, nous l'envisageons uniquement en lui-même, en dehors de toutes les formes spécialisées et plus ou moins contestables que Leibnitz ou d'autres ont voulu lui donner.

[122] Cette formule correspond exactement à la conception de l'équilibre des deux principes complémentaires *yang* et *yin* dans la cosmologie extrême-orientale.

de ce mot, car l'existence, même dans cet état primordial et indifférencié, n'est encore que le point de départ de toutes les manifestations différenciées, comme l'unité est le point de départ de toute la multiplicité des nombres. Cette unité, telle que nous venons de la considérer, et dans laquelle réside l'équilibre, est ce que la tradition extrême-orientale appelle l'« Invariable Milieu » ; et, suivant cette même tradition, cet équilibre ou cette harmonie est, au centre de chaque état et de chaque modalité de l'être, le reflet de l'« Activité du Ciel ».

CHAPITRE XVIII

QUANTITÉS VARIABLES ET QUANTITÉS FIXES

Revenons maintenant à la question de la justification de la rigueur du calcul infinitésimal : nous avons vu déjà que Leibnitz regarde comme égales les quantités dont la différence, sans être nulle, est incomparable à ces quantités elles-mêmes ; en d'autres termes, les quantités infinitésimales, qui ne sont pas des « *nihila absoluta* », sont néanmoins des « *nihila respectiva* », et doivent comme telles être négligées au regard des quantités ordinaires. Malheureusement, la notion des « incomparables » demeure trop imprécise pour qu'un raisonnement qui ne s'appuie que sur cette notion puisse suffire pleinement à établir le caractère rigoureux du calcul infinitésimal ; sous cet aspect, ce calcul ne se présente en somme que comme une méthode d'approximation indéfinie, et nous ne pouvons pas dire avec Leibnitz que, « cela posé, il s'ensuit non seulement que l'erreur est infiniment petite, mais qu'elle est entièrement nulle »[123] ; mais n'y aurait-il pas un autre moyen plus rigoureux de parvenir à cette conclusion ? Nous devons admettre, en tout cas, que l'erreur

---

[123] Fragment daté du 26 mars 1676.

introduite dans le calcul peut être rendue aussi petite qu'on le veut, ce qui est déjà beaucoup ; mais, précisément, ce caractère infinitésimal de l'erreur ne la supprime-t-il pas tout à fait lorsque l'on considère, non plus le cours même du calcul, mais les résultats auxquels il permet d'aboutir finalement ?

Une différence infinitésimale, c'est-à-dire indéfiniment décroissante, ne peut être que la différence de deux quantités variables, car il est évident que la différence de deux quantités fixes ne peut être elle-même qu'une quantité fixe ; la considération d'une différence infinitésimale entre deux quantités fixes ne saurait donc avoir aucun sens. Dès lors, nous avons le droit de dire que deux quantités fixes « sont rigoureusement égales entre elles du moment que leur différence prétendue peut être supposée aussi petite qu'on le veut » [124] ; or, « le calcul infinitésimal, comme le calcul ordinaire, n'a réellement en vue que des quantités fixes et déterminées » [125] ; il n'introduit en somme les quantités variables qu'à titre d'auxiliaires, avec un caractère purement transitoire, et ces variables doivent disparaître des résultats, qui ne peuvent exprimer que des relations entre des quantités fixes. Il faut donc, pour obtenir ces résultats, passer de la considération des quantités variables à celle des quantités fixes ; et ce passage a précisément pour effet d'éliminer les quantités infinitésimales, qui sont essentiellement variables,

---

[124] Carnot, *Réflexions sur la Métaphysique du Calcul infinitésimal*, p. 29.
[125] Ch. de Freycinet, *De l'Analyse infinitésimale*, Préface, p. VIII.

et qui ne peuvent se présenter que comme différences entre des quantités variables.

Il est facile de comprendre maintenant pourquoi Carnot, dans la définition que nous avons citée précédemment, insiste sur la propriété qu'ont les quantités infinitésimales, telles qu'elles sont employées dans le calcul, de pouvoir être rendues aussi petites qu'on le veut « sans qu'on soit obligé pour cela de faire varier les quantités dont on cherche la relation ». C'est que ces dernières doivent être en réalité des quantités fixes ; il est vrai qu'elles sont considérées dans le calcul comme des limites de quantités variables, mais celles-ci ne jouent que le rôle de simples auxiliaires, aussi bien que les quantités infinitésimales qu'elles introduisent avec elles. Le point essentiel, pour justifier la rigueur du calcul infinitésimal, c'est que, dans les résultats, il ne doit figurer que des quantités fixes ; il faut donc en définitive, au terme du calcul, passer des quantités variables aux quantités fixes, et c'est bien là un « passage à la limite », mais conçu tout autrement que ne le faisait Leibnitz, puisqu'il n'est pas une conséquence ou un « dernier terme » de la variation elle-même ; or, et c'est là ce qui importe, les quantités infinitésimales, dans ce passage, s'éliminent d'elles-mêmes, et cela tout simplement en raison de la substitution des quantités fixes aux quantités variables[126].

---

[126] Cf. Ch. de Freycinet, *ibid.*, p. 220 : « Les équations appelées "imparfaites" par Carnot sont, à proprement parler, des équations d'attente ou de transition, qui sont rigoureuses en tant qu'on ne les fera servir qu'au calcul des limites, et qui

Faut-il cependant ne voir dans cette élimination, comme le voudrait Carnot, que l'effet d'une simple « compensation d'erreurs » ? Nous ne le pensons pas, et il semble bien qu'on puisse y voir en réalité quelque chose de plus, dès lors qu'on fait la distinction des quantités variables et des quantités fixes comme constituant en quelque sorte deux domaines séparés, entre lesquels il existe sans doute une corrélation et une analogie, ce qui est d'ailleurs nécessaire pour qu'on puisse passer effectivement de l'un à l'autre, de quelque façon que s'effectue ce passage, mais sans que leurs rapports réels puissent jamais établir entre eux une interpénétration ou même une continuité quelconque ; cela implique d'ailleurs, entre ces deux sortes de quantités, une différence d'ordre essentiellement qualitatif, conformément à ce que nous avons dit plus haut au sujet de la notion de la limite. C'est cette distinction que Leibnitz n'a jamais faite nettement, et, ici encore, c'est sans doute sa conception d'une continuité universellement applicable qui l'en a empêché ; il ne pouvait voir que le « passage à la limite » implique essentiellement une discontinuité, puisque, pour lui, il n'y avait nulle part de discontinuité. C'est pourtant cette distinction seule qui nous permet de formuler la proposition suivante : si la différence de deux quantités variables peut être rendue aussi petite qu'on

---

seraient, au contraire, absolument inexactes, si les limites ne devaient pas être prises effectivement. Il suffit d'avoir présente à l'esprit la destination effective des calculs, pour n'éprouver aucune incertitude sur la valeur des relations par lesquelles on passe. Il faut voir dans chacune d'elles, non pas ce qu'elle paraît exprimer actuellement, mais ce qu'elle exprimera plus tard, quand on prendra les limites. »

le veut, les quantités fixes qui correspondent à ces variables, et qui sont regardées comme leurs limites respectives, sont rigoureusement égales. Ainsi, une différence infinitésimale ne peut jamais devenir nulle, mais elle ne peut exister qu'entre des variables, et, entre les quantités fixes correspondantes, la différence doit être nulle ; de là, il résulte immédiatement qu'à une erreur qui peut être rendue aussi petite qu'on le veut dans le domaine des quantités variables, où il ne peut être effectivement question, en raison du caractère même de ces quantités, de rien de plus que d'une approximation indéfinie, il correspond nécessairement une erreur rigoureusement nulle dans le domaine des quantités fixes ; c'est là uniquement, et non dans d'autres considérations qui, quelles qu'elles soient, sont toujours plus ou moins en dehors ou à côté de la question, que réside essentiellement la véritable justification de la rigueur du calcul infinitésimal.

Chapitre XIX

LES DIFFÉRENTIATIONS SUCCESSIVES

Ce qui précède laisse encore subsister une difficulté en ce qui concerne la considération des différents ordres de quantités infinitésimales : comment peut-on concevoir des quantités qui soient infinitésimales, non seulement par rapport aux quantités ordinaires, mais par rapport à d'autres quantités qui sont elles-mêmes infinitésimales ? Ici encore, Leibnitz a recours à la notion des « incomparables », mais cette notion est beaucoup trop vague pour que nous puissions nous en contenter, et elle n'explique pas suffisamment la possibilité des différentiations successives. Sans doute, cette possibilité peut être mieux comprise par une comparaison ou un exemple tiré de la mécanique : « Quant aux $d(dx)$, elles sont aux dx comme les *conatus* de la pesanteur ou les sollicitations centrifuges sont à la vitesse »[127]. Et Leibnitz développe cette idée dans sa réponse aux objections du mathématicien hollandais Nieuwentijt, qui, tout en admettant les différentielles du premier ordre, soutenait que celles des ordres supérieurs ne pouvaient être que nulles : « La quantité

---

[127] Lettre à Huygens, 1er-2 octobre 1693.

ordinaire, la quantité infinitésimale première ou différentielle, et la quantité différentio-différentielle ou infinitésimale seconde, sont entre elles comme le mouvement, la vitesse et la sollicitation, qui est un élément de la vitesse[128]. Le mouvement décrit une ligne, la vitesse un élément de ligne, et la sollicitation un élément d'élément »[129]. Mais ce n'est là qu'un exemple ou un cas particulier, qui ne peut en somme servir que de simple « illustration » et non pas d'argument, et il est nécessaire de fournir une justification d'ordre général, que cet exemple, en un certain sens, contient d'ailleurs implicitement.

En effet, les différentielles du premier ordre représentent les accroissements, ou mieux les variations, puisqu'elles peuvent être aussi bien, suivant les cas, dans le sens décroissant que dans le sens croissant, que reçoivent à chaque instant les quantités ordinaires : telle est la vitesse par rapport à l'espace parcouru dans un mouvement quelconque. De la même façon, les différentielles d'un certain ordre représentent les variations instantanées de celles de l'ordre précédent, prises à leur tour comme des grandeurs existant dans un certain intervalle : telle est l'accélération par rapport à la vitesse. C'est donc sur la considération de différents degrés de variation, bien plutôt que de grandeurs

---

[128] Cette « sollicitation » est ce qu'on désigne habituellement par le nom d'« accélération ».

[129] *Responsio ad nonnullas difficultates a Dn. Bernardo Nieuwentijt circa Methodum differentialem seu infinitesimalem motas*, dans les *Acta Eruditorum* de Leipzig, 1695.

incomparables entre elles, que repose véritablement la distinction des différents ordres de quantités infinitésimales.

Pour préciser la façon dont ceci doit être entendu, nous ferons simplement la remarque suivante : on peut établir, parmi les variables elles-mêmes, des distinctions analogues à celle que nous avons établie précédemment entre les quantités fixes et les variables ; dans ces conditions, pour reprendre la définition de Carnot, une quantité sera dite infinitésimale par rapport à d'autres quand on pourra la rendre aussi petite qu'on le veut « sans qu'on soit obligé pour cela de faire varier ces autres quantités ». C'est que, en effet, une quantité qui n'est pas absolument fixe, ou même qui est essentiellement variable, ce qui est le cas des quantités infinitésimales, de quelque ordre qu'elles soient d'ailleurs, peut cependant être regardée comme relativement fixe et déterminée, c'est-à-dire comme susceptible de jouer le rôle de quantité fixe par rapport à certaines autres variables. C'est dans ces conditions seulement qu'une quantité variable peut être considérée comme la limite d'une autre variable, ce qui, d'après la définition même de la limite, suppose qu'elle est regardée comme fixe, au moins sous un certain rapport, c'est-à-dire relativement à celle dont elle est la limite ; inversement, une quantité pourra être variable, non seulement en elle-même ou, ce qui revient au même, par rapport aux quantités absolument fixes, mais encore par rapport à d'autres variables, en tant que ces dernières peuvent être regardées comme relativement fixes.

Au lieu de parler à cet égard de degrés de variation comme nous venons de le faire, on pourrait encore parler tout aussi bien de degrés d'indétermination, ce qui, au fond, serait exactement la même chose, envisagée seulement à un point de vue un peu différent : une quantité, bien qu'indéterminée de sa nature, peut cependant être déterminée, dans un sens relatif, par l'introduction de certaines hypothèses, qui laissent en même temps subsister l'indétermination d'autres quantités ; ces dernières seront donc, si l'on peut dire, plus indéterminées que les autres, ou indéterminées à un degré supérieur, et ainsi elles pourront avoir avec elles un rapport comparable à celui que les quantités indéterminées ont avec les quantités véritablement déterminées. Nous nous bornerons à ces quelques indications sur ce sujet, car, si sommaires qu'elles soient, nous pensons qu'elles sont tout au moins suffisantes pour faire comprendre la possibilité de l'existence des différentielles de divers ordres successifs ; mais il nous reste encore, en connexion avec cette même question, à montrer plus explicitement qu'il n'y a réellement aucune difficulté logique à considérer des degrés multiples d'indéfinité, tant dans l'ordre des quantités décroissantes, qui est celui auquel appartiennent les infinitésimales ou les différentielles, que dans celui des quantités croissantes, où l'on peut envisager de même des intégrales de différents ordres, symétriques en quelque sorte des différentielles successives, ce qui est d'ailleurs conforme à la corrélation qui existe, ainsi que nous l'avons expliqué, entre l'indéfiniment croissant et l'indéfiniment décroissant. Bien entendu, c'est de degrés d'indéfinité qu'il s'agit en cela, et non point de « degrés d'infinité » tels que les entendait Jean Bernoulli, dont Leibnitz n'osait ni admettre ni rejeter absolument la conception à cet égard ; et ce cas est encore de ceux où les difficultés se trouvent immédiatement résolues par la substitution de la notion de l'indéfini à celle du prétendu infini.

CHAPITRE XX

DIFFÉRENTS ORDRES D'INFINITÉ

Les difficultés logiques et même les contradictions auxquelles se heurtent les mathématiciens, quand ils considèrent des quantités « infiniment grandes » ou « infiniment petites » différentes entre elles et appartenant même à des ordres différents, viennent uniquement de ce qu'ils regardent comme infini ce qui est simplement indéfini ; il est vrai que, en général, ils semblent se préoccuper assez peu de ces difficultés, mais elles n'en existent pas moins et n'en sont pas moins graves pour cela, et elles font apparaître leur science comme remplie d'une foule d'illogismes, ou, si l'on préfère, de « paralogismes », qui lui font perdre toute valeur et toute portée sérieuse aux yeux de ceux qui ne se laissent pas illusionner par les mots. Voici quelques exemples des contradictions qu'introduisent ainsi ceux qui admettent l'existence de grandeurs infinies, lorsqu'il s'agit d'appliquer cette notion aux grandeurs géométriques : si l'on considère une ligne, une droite par exemple, comme infinie, cet infini doit être moindre, et même infiniment moindre, que celui qui est constitué par une surface, telle qu'un plan, dans laquelle cette ligne est contenue avec une infinité d'autres, et ce deuxième infini, à son tour, sera infiniment moindre que celui de l'étendue à trois dimensions. La possibilité même de la coexistence de tous ces prétendus infinis, dont certains le sont au même degré et les autres à des degrés différents, devrait suffire à prouver qu'aucun d'eux ne peut être véritablement infini, même à défaut de toute considération d'un ordre plus proprement métaphysique ; en effet, redisons-le encore, car ce sont là des vérités sur lesquelles on ne saurait jamais trop insister, il est évident que, si l'on suppose une pluralité d'infinis distincts, chacun d'eux se trouve limité par les autres, ce qui revient à dire qu'ils s'excluent les uns les autres. À vrai dire, du reste, les « infinitistes », chez qui cette accumulation purement verbale d'une « infinité d'infinis » semble produire comme une sorte d'« intoxication mentale », s'il est permis de s'exprimer ainsi, ne reculent nullement devant de semblables contradictions, puisque, comme nous l'avons déjà dit, ils n'éprouvent aucune difficulté à admettre qu'il y a différents nombres infinis, et que, par suite, un infini peut être plus grand ou plus petit qu'un autre infini ; mais l'absurdité de tels énoncés n'est que trop évidente, et le fait qu'ils sont d'un usage assez courant dans les mathématiques actuelles n'y change rien, mais montre seulement à quel point le sens de la plus élémentaire logique est perdu à notre époque. Une autre contradiction encore, non moins manifeste que les précédentes, est celle qui se présente dans le cas d'une surface fermée, donc évidemment et visiblement finie, et qui devrait cependant contenir une infinité de lignes, comme, par exemple, une sphère contenant une infinité de cercles ; on aurait ici un contenant fini, dont le contenu serait infini, ce qui a lieu également, d'ailleurs, lorsqu'on soutient, comme le fait Leibnitz, l'« infinité actuelle » des éléments d'un ensemble continu.

Au contraire, il n'y a aucune contradiction à admettre la coexistence d'indéfinités multiples et de différents ordres : c'est ainsi que la ligne, indéfinie suivant une seule dimension, peut être considérée à cet égard comme constituant une indéfinité simple ou du premier ordre ; la surface, indéfinie suivant deux dimensions, et comprenant une indéfinité de lignes indéfinies, sera alors une indéfinité du second ordre, et l'étendue à trois dimensions, qui peut comprendre une indéfinité de surfaces indéfinies, sera de même une indéfinité du troisième ordre. Il est essentiel de remarquer ici encore que nous disons que la surface comprend une indéfinité de lignes, mais non pas qu'elle est constituée par une indéfinité de lignes, de même que la ligne n'est pas composée de points, mais en comprend une multitude indéfinie ; et il en est encore de même du volume par rapport aux surfaces, l'étendue à trois dimensions n'étant elle-même pas autre chose qu'un volume indéfini. C'est d'ailleurs là, au fond, ce que nous avons déjà dit plus haut au sujet des « indivisibles » et de la « composition du continu » ; les questions de ce genre, en raison de leur complexité même, sont de celles qui font le mieux sentir la nécessité d'un langage rigoureux. Ajoutons aussi à ce propos que, si l'on peut légitimement considérer, à un certain point de vue, la ligne comme engendrée par un point, la surface par une ligne et le volume par une surface, cela suppose essentiellement que ce point, cette ligne ou cette surface se déplacent par un mouvement continu, comprenant une indéfinité de positions successives ; et c'est là tout autre chose que de considérer ces positions prises isolément les unes des autres, c'est-à-dire les points, les lignes et les surfaces regardés comme fixes et déterminés, comme constituant respectivement des parties ou des éléments de la ligne, de la surface et du volume. De même, quand on considère, en sens inverse, une surface comme l'intersection de deux volumes, une ligne comme l'intersection de deux surfaces et un point comme l'intersection de deux lignes, il est bien entendu que ces intersections ne doivent nullement être conçues comme des parties communes à ces volumes, à ces surfaces ou à ces lignes ; elles en sont seulement, comme le disait Leibnitz, des limites ou des extrémités.

D'après ce que nous avons dit tout à l'heure, chaque dimension introduit en quelque sorte un nouveau degré d'indétermination dans l'étendue, c'est-à-dire dans le continu spatial considéré comme susceptible de croître indéfiniment en extension, et on obtient ainsi ce qu'on pourrait appeler des puissances successives de l'indéfini[130] ; et l'on peut dire aussi qu'une indéfinité d'un certain ordre ou à une certaine puissance contient une multitude indéfinie d'indéfinis d'un ordre inférieur ou à une puissance moindre. Tant qu'il n'est question en tout cela que d'indéfini, toutes ces considérations et celles du même genre demeurent donc parfaitement

---

[130] Cf. *Le Symbolisme de la Croix*, ch. XII.

acceptables, car il n'y a aucune incompatibilité logique entre des indéfinités multiples et distinctes, qui, pour être indéfinies, n'en sont pas moins de nature essentiellement finie, donc parfaitement susceptibles de coexister, comme autant de possibilités particulières et déterminées, à l'intérieur de la Possibilité totale, qui seule est infinie, parce qu'elle est identique au Tout universel[131]. Ces mêmes considérations ne prennent une forme impossible et absurde que par la confusion de l'indéfini avec l'infini ; ainsi, c'est bien là encore un des cas où, comme lorsqu'il s'agissait de la « multitude infinie », la contradiction inhérente à un prétendu infini déterminé cache, en la déformant jusqu'à la rendre méconnaissable, une autre idée qui n'a rien de contradictoire en elle-même.

Nous venons de parler de différents degrés d'indétermination des quantités dans le sens croissant ; c'est par cette même notion, envisagée dans le sens décroissant, que nous avons déjà justifié plus haut la considération des divers ordres de quantités infinitésimales, dont la possibilité se comprend ainsi plus facilement encore en observant la corrélation que nous avons signalée entre l'indéfiniment croissant et l'indéfiniment décroissant. Parmi les quantités indéfinies de différents ordres, celles d'un ordre autre que le premier sont toujours indéfinies par rapport à celles des ordres précédents aussi bien que par rapport aux quantités ordinaires ; il est tout aussi légitime de considérer de même,

---

[131] Cf. *Les États multiples de l'être*, ch. Ier.

en sens inverse, des quantités infinitésimales de différents ordres, celles de chaque ordre étant infinitésimales, non seulement par rapport aux quantités ordinaires, mais encore par rapport aux quantités infinitésimales des ordres précédents[132]. Il n'y a pas d'hétérogénéité absolue entre les quantités indéfinies et les quantités ordinaires, et il n'y en a pas davantage entre celles-ci et les quantités infinitésimales ; il n'y a là en somme que des différences de degré, non des différences de nature, puisque, en réalité, la considération de l'indéfini, de quelque ordre ou à quelque puissance que ce soit, ne nous fait jamais sortir du fini ; c'est encore la fausse conception de l'infini qui introduit en apparence, entre ces différents ordres de quantités, une hétérogénéité radicale qui, au fond, est tout à fait incompréhensible. En supprimant cette hétérogénéité, on établit ici une sorte de continuité, mais bien différente de celle que Leibnitz envisageait entre les variables et leurs limites, et beaucoup mieux fondée dans la réalité, car

---

[132] Nous réservons, comme on le fait d'ailleurs le plus habituellement, la dénomination d'« infinitésimales » aux quantités indéfiniment décroissantes, à l'exclusion des quantités indéfiniment croissantes, que, pour abréger, nous pouvons appeler simplement « indéfinies » ; il est assez singulier que Carnot ait réuni les unes et les autres sous le même nom d'« infinitésimales », ce qui est contraire, non seulement à l'usage, mais au sens même que ce terme tire de sa formation. Tout en conservant le mot « infinitésimal » après en avoir défini la signification comme nous l'avons fait, nous ne pouvons d'ailleurs nous dispenser de faire remarquer que ce terme a le grave défaut de dériver visiblement du mot « infini », ce qui le rend fort peu adéquat à l'idée qu'il exprime réellement ; pour pouvoir l'employer ainsi sans inconvénient, il faut en quelque sorte oublier son origine, ou tout au moins ne lui attribuer qu'un caractère uniquement « historique », comme provenant en fait de la conception que Leibnitz se faisait de ses « fictions bien fondées ».

la distinction des quantités variables et des quantités fixes implique au contraire essentiellement une véritable différence de nature.

Dans ces conditions, les quantités ordinaires peuvent elles-mêmes, du moins lorsqu'il s'agit de variables, être regardées en quelque sorte comme infinitésimales par rapport à des quantités indéfiniment croissantes, car, si une quantité peut être rendue aussi grande qu'on le veut par rapport à une autre, celle-ci devient inversement, par là même, aussi petite qu'on le veut par rapport à la première. Nous introduisons cette restriction qu'il doit s'agir ici de variables, parce qu'une quantité infinitésimale doit toujours être conçue comme essentiellement variable, et que c'est là quelque chose de véritablement inhérent à sa nature même ; d'ailleurs, des quantités appartenant à deux ordres différents d'indéfinité sont forcément variables l'une par rapport à l'autre, et cette propriété de variabilité relative et réciproque est parfaitement symétrique, car, d'après ce que nous venons de dire, il revient au même de considérer une quantité comme croissant indéfiniment par rapport à une autre, ou celle-ci comme décroissant indéfiniment par rapport à la première ; sans cette variabilité relative, il n'y aurait ni croissance ni décroissance indéfinie, mais bien des rapports définis et déterminés entre les deux quantités.

C'est de la même façon que, lorsqu'il y a un changement de situation entre deux corps A et B, il revient au même, du moins tant qu'on ne considère en cela rien d'autre que ce changement en lui-même, de dire que le corps A est en mouvement par rapport au corps B, ou, inversement, que le corps B est en mouvement par rapport au corps A ; la notion du mouvement relatif n'est pas moins symétrique, à cet égard, que celle de la variabilité relative que nous avons envisagée ici. C'est pourquoi, suivant Leibnitz, qui montrait par là l'insuffisance du mécanisme cartésien comme théorie physique prétendant fournir une explication des phénomènes naturels, on ne peut pas établir de distinction entre un état de mouvement et un état de repos si l'on se borne à la seule considération des changements de situation ; il faut pour cela faire intervenir quelque chose d'un autre ordre, à savoir la notion de la force, qui est la cause prochaine de ces changements, et qui seule peut être attribuée à un corps plutôt qu'à un autre, comme permettant de trouver dans ce corps et dans lui seul la véritable raison du changement[133].

---

[133] Voir Leibnitz, *Discours de Métaphysique*, ch. XVIII ; cf. *Le Règne de la Quantité et les Signes des Temps*, ch. XIV.

CHAPITRE XXI

L'INDÉFINI EST INÉPUISABLE ANALYTIQUEMENT

Dans les deux cas que nous venons d'envisager, celui de l'indéfiniment croissant et celui de l'indéfiniment décroissant, une quantité d'un certain ordre peut être regardée comme la somme d'une indéfinité d'éléments, dont chacun est une quantité infinitésimale par rapport à cette somme. Pour qu'on puisse parler de quantités infinitésimales, il est d'ailleurs nécessaire qu'il s'agisse d'éléments non déterminés par rapport à leur somme, et il en est bien ainsi dès lors que cette somme est indéfinie par rapport aux éléments dont il s'agit ; cela résulte immédiatement du caractère essentiel de l'indéfini lui-même, en tant que celui-ci implique forcément, comme nous l'avons dit, l'idée d'un « devenir », et par conséquent d'une certaine indétermination. Il est d'ailleurs bien entendu que cette indétermination peut n'être que relative et n'exister que sous un certain point de vue ou par rapport à une certaine chose : tel est par exemple le cas d'une somme qui, étant une quantité ordinaire, n'est pas indéfinie en elle-même, mais seulement par rapport à ses éléments infinitésimaux ; mais en tout cas, s'il en était autrement et si l'on ne faisait pas intervenir cette notion d'indétermination, on serait ramené simplement à la conception des « incomparables », interprétée dans le sens grossier du grain de sable au regard de la terre, et de la terre au regard du firmament.

La somme dont nous parlons ici ne peut aucunement être effectuée à la façon d'une somme arithmétique, parce qu'il faudrait pour cela qu'une série indéfinie d'additions successives pût être achevée, ce qui est contradictoire ; dans le cas où la somme est une quantité ordinaire et déterminée comme telle, il faut évidemment, comme nous l'avons déjà dit en formulant la définition du calcul intégral, que le nombre ou plutôt la multitude des éléments croisse indéfiniment en même temps que la grandeur de chacun d'eux décroît indéfiniment, et, en ce sens, l'indéfinité de ces éléments est véritablement inépuisable. Mais, si cette somme ne peut être effectuée de cette façon, comme résultat final d'une multitude d'opérations distinctes et successives, elle peut par contre l'être d'un seul coup et par une opération unique, qui est l'intégration [134] ; c'est là l'opération inverse de la différentiation, puisqu'elle reconstitue la somme à partir de ses éléments infinitésimaux, tandis que la différentiation va au contraire de la somme aux éléments, en fournissant le

---

[134] Les termes « intégrale » et « intégration », dont l'usage a prévalu, ne sont pas de Leibnitz, mais de Jean Bernoulli ; Leibnitz ne se servait en ce sens que des mots « somme » et « sommation », qui ont l'inconvénient de sembler indiquer une assimilation entre l'opération dont il s'agit et la formation d'une somme arithmétique ; nous disons seulement sembler, du reste, car il est bien certain que la différence essentielle de ces deux opérations n'a pas pu réellement échapper à Leibnitz.

moyen de formuler la loi des variations instantanées d'une quantité dont l'expression est donnée.

Ainsi, dès qu'il s'agit d'indéfini, la notion de somme arithmétique n'est plus applicable, et il faut recourir à celle d'intégration pour suppléer à cette impossibilité de « nombrer » les éléments infinitésimaux, impossibilité qui, bien entendu, résulte de leur nature même et non point d'une imperfection quelconque de notre part. Nous pouvons remarquer en passant qu'il y a là, en ce qui concerne l'application aux grandeurs géométriques, qui est d'ailleurs, au fond, la véritable raison d'être de tout le calcul infinitésimal, une méthode de mesure qui est toute différente de la méthode habituelle fondée sur la division d'une grandeur en portions définies, dont nous avons parlé précédemment à propos des « unités de mesure ». Cette dernière revient toujours, en somme, à substituer en quelque façon du discontinu au continu, par ce « découpement » en portions égales à la grandeur de même espèce prise pour unité[135], afin de pouvoir appliquer directement le nombre à la mesure des grandeurs continues, ce qui ne peut se faire effectivement qu'en altérant ainsi leur nature pour la rendre, pour ainsi dire, assimilable à celle du nombre. Au contraire, l'autre méthode respecte, autant qu'il est possible, le caractère propre du continu, en le considérant comme une somme

---

[135] Ou à une fraction de cette grandeur, mais peu importe, car cette fraction constitue alors une unité secondaire plus petite, que l'on substitue à la première, dans le cas où la division par celle-ci ne se fait pas exactement, pour obtenir un résultat exact ou tout au moins plus approché.

d'éléments, non plus fixes et déterminés, mais essentiellement variables et capables de décroître, dans leur variation, au-dessous de toute grandeur assignable, et en permettant par là de faire varier la quantité spatiale entre des limites aussi rapprochées qu'on le veut, ce qui est, en tenant compte de la nature du nombre qui malgré tout ne peut être changée, la représentation la moins imparfaite que l'on puisse donner d'une variation continue.

Ces observations permettent de comprendre d'une façon plus précise en quel sens on peut dire, comme nous l'avons fait au début, que les limites de l'indéfini ne peuvent jamais être atteintes par un procédé analytique, ou, en d'autres termes, que l'indéfini est, non pas inépuisable absolument et de quelque façon que ce soit, mais du moins inépuisable analytiquement. Nous devons naturellement considérer comme analytique, à cet égard, le procédé qui consisterait, pour reconstituer un tout, à prendre ses éléments distinctement et successivement : tel est le procédé de formation d'une somme arithmétique, et c'est en cela, précisément, que l'intégration en diffère essentiellement. Ceci est particulièrement intéressant à notre point de vue, car on voit là, par un exemple très net, ce que sont les véritables rapports de l'analyse et de la synthèse : contrairement à l'opinion courante, d'après laquelle l'analyse serait en quelque sorte préparatoire à la synthèse et conduirait à celle-ci, si bien qu'il faudrait toujours commencer par l'analyse, même quand on n'entend pas s'en tenir là, la vérité est qu'on ne peut jamais parvenir effectivement à la synthèse en partant de l'analyse ; toute synthèse, au vrai sens de ce mot, est pour ainsi dire quelque chose d'immédiat, qui n'est précédé d'aucune analyse et en est entièrement indépendant, comme l'intégration est une opération qui s'effectue d'un seul coup et qui ne présuppose nullement la considération d'éléments comparables à ceux d'une somme arithmétique ; et, comme cette somme arithmétique ne peut donner le moyen d'atteindre et d'épuiser l'indéfini, il est, dans tous les domaines, des choses qui résistent par leur nature même à toute analyse et dont la connaissance n'est possible que par la seule synthèse[136].

---

[136] Ici et dans ce qui va suivre, il doit être bien entendu que nous prenons les termes « analyse » et « synthèse » dans leur acception véritable et originelle, qu'il faut avoir bien soin de distinguer de celle, toute différente et assez impropre, dans laquelle on parle couramment de l'« analyse mathématique », et suivant laquelle l'intégration elle-même, en dépit de son caractère essentiellement synthétique, est regardée comme faisant partie de ce qu'on appelle l'« analyse infinitésimale » ; c'est d'ailleurs pour cette raison que nous préférons éviter l'emploi de cette dernière expression, et nous servir seulement de celles de « calcul infinitésimal » et de « méthode infinitésimale », qui du moins ne sauraient prêter à aucune équivoque de ce genre.

Chapitre XXII

CARACTÈRE SYNTHÉTIQUE DE L'INTÉGRATION

Au contraire de la formation d'une somme arithmétique, qui a, comme nous venons de le dire, un caractère proprement analytique, l'intégration doit être regardée comme une opération essentiellement synthétique, en ce qu'elle enveloppe simultanément tous les éléments de la somme qu'il s'agit de calculer, en conservant entre eux l'« indistinction » qui convient aux parties du continu, dès lors que ces parties, en conséquence de la nature même du continu, ne peuvent pas être quelque chose de fixe et de déterminé. La même « indistinction » doit d'ailleurs être maintenue également, quoique pour une raison quelque peu différente, à l'égard des éléments discontinus qui forment une série indéfinie, lorsqu'on veut en calculer la somme, car, si la grandeur de chacun de ces éléments est alors conçue comme déterminée, leur nombre ne l'est pas, et même nous pouvons dire plus exactement que leur multitude dépasse tout nombre ; et cependant il est des cas où la somme des éléments d'une telle série tend vers une certaine limite définie lorsque leur multitude croît indéfiniment. On pourrait dire, bien que cette façon de parler semble peut-être un peu étrange à première vue, qu'une telle série discontinue est indéfinie par « extrapolation », tandis qu'un ensemble continu l'est par « interpolation » ; ce que nous voulons dire par là, c'est que, si l'on prend dans une série discontinue une portion comprise entre deux termes quelconques, il n'y a là rien d'indéfini, cette portion étant déterminée à la fois dans son ensemble et dans ses éléments, mais que c'est en s'étendant au-delà de cette portion sans arriver jamais à un dernier terme que cette série est indéfinie ; au contraire, dans un ensemble continu, déterminé comme tel, c'est à l'intérieur même de cet ensemble que l'indéfini se trouve compris, parce que les éléments ne sont pas déterminés et que, le continu étant toujours divisible, il n'y a pas de derniers éléments ; ainsi, sous ce rapport, ces deux cas sont en quelque sorte inverses l'un de l'autre. La sommation d'une série numérique indéfinie ne s'achèverait jamais si tous les termes devaient être pris un à un, puisqu'il n'y a pas de dernier terme auquel elle puisse aboutir ; dans les cas où une telle sommation est possible, elle ne peut donc l'être que par un procédé synthétique, qui nous fait en quelque sorte saisir d'un seul coup toute une indéfinité envisagée dans son ensemble, sans que cela présuppose aucunement la considération distincte de ses éléments, qui est d'ailleurs impossible par là même qu'ils sont en multitude indéfinie. De même encore, lorsqu'une série indéfinie nous est donnée implicitement par sa loi de formation, comme nous en avons vu un exemple dans le cas de la suite des nombres entiers, nous pouvons dire qu'elle nous est ainsi donnée tout entière synthétiquement, et elle ne peut pas l'être autrement ; en effet, donner une telle série analytiquement, ce serait en donner distinctement tous les termes, ce qui est une impossibilité.

Donc, lorsque nous avons à considérer une indéfinité quelconque, que ce soit celle d'un ensemble continu ou celle d'une série discontinue, il faudra, dans tous les cas, recourir à une opération synthétique pour pouvoir en atteindre les limites ; une progression par degrés serait ici sans effet et ne pourrait jamais nous y faire parvenir, car une telle progression ne peut aboutir à un terme final qu'à la double condition que ce terme et le nombre des degrés à parcourir pour l'atteindre soient l'un et l'autre déterminés. C'est pourquoi nous n'avons pas dit que les limites de l'indéfini ne pouvaient aucunement être atteintes, impossibilité qui serait d'ailleurs injustifiable dès lors que ces limites existent, mais seulement qu'elles ne peuvent pas l'être analytiquement : une indéfinité ne peut pas être épuisée par degrés, mais elle peut être comprise dans son ensemble par une de ces opérations transcendantes dont l'intégration nous fournit le type dans l'ordre mathématique. On peut remarquer que la progression par degrés correspondrait ici à la variation même de la quantité, directement dans le cas des séries discontinues, et, pour ce qui est d'une variation continue, en la suivant pour ainsi dire dans la mesure où le permet la nature discontinue du nombre ; par contre, par une opération synthétique, on se place immédiatement en dehors et au-delà de la variation, ainsi qu'il doit en être nécessairement, d'après ce que nous avons dit plus haut, pour que le « passage à la limite » puisse être réalisé effectivement ; en d'autres termes, l'analyse n'atteint que les variables, prises dans le cours même de leur variation, et la synthèse seule atteint leurs limites, ce qui est ici l'unique résultat définitif et réellement valable, puisqu'il faut forcément, pour qu'on puisse parler d'un résultat, aboutir à quelque chose qui se rapporte exclusivement à des quantités fixes et déterminées.

Il est bien entendu, d'ailleurs, qu'on pourrait trouver l'analogue de ces opérations synthétiques dans d'autres domaines que celui de la quantité, car il est clair que l'idée d'un développement indéfini de possibilités est applicable aussi bien à tout autre chose qu'à la quantité, par exemple à un état quelconque d'existence manifestée et aux conditions, quelles qu'elles soient, auxquelles cet état est soumis, qu'on envisage d'ailleurs en cela l'ensemble cosmique en général ou un être en particulier, c'est-à-dire qu'on se place au point de vue « macrocosmique » ou au point de vue « microcosmique »[137]. On pourrait dire qu'ici le « passage à la limite », correspond à la fixation définitive des résultats de la manifestation dans l'ordre principiel ; c'est par là seulement, en effet, que l'être échappe finalement au changement ou au « devenir », qui est nécessairement inhérent à toute manifestation comme telle ; et l'on voit ainsi que cette fixation n'est en aucune façon un « dernier terme » du développement

---

[137] Sur cette application analogique de la notion de l'intégration, cf. *Le Symbolisme de la Croix*, ch. XVIII et XX.

de la manifestation, mais qu'elle se situe essentiellement en dehors et au-delà de ce développement, parce qu'elle appartient à un autre ordre de réalité, transcendant par rapport à la manifestation et au « devenir » ; la distinction de l'ordre manifesté et de l'ordre principiel correspond donc analogiquement, à cet égard, à celle que nous avons établie entre le domaine des quantités variables et celui des quantités fixes. De plus, dès lors qu'il s'agit de quantités fixes, il est évident qu'aucune modification ne saurait y être introduite par quelque opération que ce soit, et que, par conséquent, le « passage à la limite » n'a pas pour effet de produire quelque chose dans ce domaine, mais seulement de nous en donner la connaissance ; de même, l'ordre principiel étant immuable, il ne s'agit pas, pour y parvenir, d'« effectuer » quelque chose qui n'existerait pas encore, mais bien de prendre effectivement conscience de ce qui est, d'une façon permanente et absolue. Nous avons dû naturellement, étant donné le sujet de cette étude, y considérer plus particulièrement et avant tout ce qui se rapporte proprement au domaine quantitatif, dans lequel l'idée du développement des possibilités se traduit, comme nous l'avons vu, par une notion de variation, soit dans le sens de l'indéfiniment croissant, soit dans celui de l'indéfiniment décroissant ; mais ces quelques indications montreront que toutes ces choses sont susceptibles de recevoir, par une transposition analogique appropriée, une portée incomparablement plus grande que celle qu'elles paraissent avoir en elles-mêmes, puisque, en vertu d'une telle transposition, l'intégration et les autres opérations du même genre apparaissent véritablement comme un symbole de la « réalisation » métaphysique elle-même.

On voit par là toute l'étendue de la différence qui existe entre la science traditionnelle, qui permet de telles considérations, et la science profane des modernes ; et, à ce propos, nous ajouterons encore une autre remarque, qui se rapporte directement à la distinction de la connaissance analytique et de la connaissance synthétique. La science profane, en effet, est essentiellement et exclusivement analytique : elle n'envisage jamais les principes, et elle se perd dans le détail des phénomènes, dont la multiplicité indéfinie et indéfiniment changeante est véritablement inépuisable pour elle, de sorte qu'elle ne peut jamais parvenir, en tant que connaissance, à aucun résultat réel et définitif ; elle s'en tient uniquement aux phénomènes eux-mêmes, c'est-à-dire aux apparences extérieures, et elle est incapable d'atteindre le fond des choses, ainsi que Leibnitz le reprochait déjà au mécanisme cartésien. Là est d'ailleurs une des raisons par lesquelles s'explique l'« agnosticisme » moderne, car, puisqu'il y a des choses qui ne peuvent être connues que synthétiquement, quiconque ne procède que par l'analyse est amené par là même à les déclarer « inconnaissables », parce qu'elles le sont en effet de cette façon, de même que celui qui s'en tient à une vue analytique de l'indéfini peut croire que cet indéfini est absolument inépuisable, alors qu'en réalité il ne l'est qu'analytiquement. Il est vrai que la connaissance synthétique est essentiellement ce qu'on peut appeler une connaissance

« globale », comme l'est celle d'un ensemble continu ou d'une série indéfinie dont les éléments ne sont pas et ne peuvent pas être donnés distinctement ; mais, outre que c'est là tout ce qui importe vraiment au fond, on peut toujours, puisque tout y est contenu en principe, redescendre de là à la considération de telles choses particulières que l'on voudra, de même que, si par exemple une série indéfinie est donnée synthétiquement par la connaissance de sa loi de formation, on peut toujours, lorsqu'il y a lieu, calculer en particulier n'importe lequel de ses termes, tandis que, en partant au contraire de ces mêmes choses particulières considérées en elles-mêmes et dans leur détail indéfini, on ne peut jamais s'élever aux principes ; et c'est en cela que, ainsi que nous le disions au début, le point de vue et la marche de la science traditionnelle sont en quelque sorte inverses de ceux de la science profane, comme la synthèse elle-même est inverse de l'analyse. C'est d'ailleurs là une application de cette vérité évidente que, si l'on peut tirer le « moins » du « plus », on ne peut jamais, par contre, faire sortir le « plus » du « moins » ; c'est pourtant ce que prétend faire la science moderne, avec ses conceptions mécanistes et matérialistes et son point de vue exclusivement quantitatif ; mais c'est précisément parce que c'est là une impossibilité qu'elle est, en réalité, incapable de donner la véritable explication de quoi que ce soit[138].

---

[138] Sur ce dernier point, on pourra se reporter encore aux considérations que nous avons exposées dans *Le Règne de la Quantité et les Signes des Temps*.

Chapitre XXIII

LES ARGUMENTS DE ZÉNON D'ÉLÉE

Les considérations qui précèdent contiennent implicitement la solution de toutes les difficultés du genre de celles que Zénon d'Élée, par ses arguments célèbres, opposait à la possibilité du mouvement, du moins en apparence et à en juger seulement d'après la forme sous laquelle ces arguments sont présentés habituellement, car on peut douter que telle ait été au fond leur véritable signification. Il est peu vraisemblable, en effet, que Zénon ait eu réellement l'intention de nier le mouvement ; ce qui semble plus probable, c'est qu'il a voulu prouver seulement l'incompatibilité de celui-ci avec la supposition, admise notamment par les atomistes, d'une multiplicité réelle et irréductible existant dans la nature des choses. C'est donc contre cette multiplicité même ainsi conçue que ces arguments, à l'origine, devaient être dirigés en réalité ; nous ne disons pas contre toute multiplicité, car il va de soi que la multiplicité existe aussi dans son ordre, tout aussi bien que le mouvement, qui d'ailleurs, comme tout changement de quelque genre que ce soit, la suppose nécessairement ; mais, de même que le mouvement, en raison de son caractère de modification transitoire et momentanée, ne saurait se suffire à lui-même et ne serait qu'une pure illusion s'il ne se rattachait à un principe supérieur, transcendant par rapport à lui, tel que le « moteur immobile » d'Aristote, de même la multiplicité serait véritablement inexistante si elle était réduite à elle-même et si elle ne procédait de l'unité, ainsi que nous en avons une image mathématique, comme nous l'avons vu, dans la formation de la série des nombres. De plus, la supposition d'une multiplicité irréductible exclut forcément toute liaison réelle entre les éléments des choses, et par conséquent toute continuité, car la continuité n'est qu'un cas particulier ou une forme spéciale d'une telle liaison ; précisément, l'atomisme, comme nous l'avons déjà dit précédemment, implique nécessairement la discontinuité de toutes choses ; c'est avec cette discontinuité que, en définitive, le mouvement est réellement incompatible, et nous allons voir que c'est bien ce que montrent en effet les arguments de Zénon.

On fait, par exemple, un raisonnement comme celui-ci : un mobile ne pourra jamais passer d'une position à une autre, parce que, entre ces deux positions, si rapprochées soient-elles, il y en aura toujours, dit-on, une infinité d'autres qui devront être parcourues successivement dans le cours du mouvement, et, quel que soit le temps employé pour les parcourir, cette infinité ne pourra jamais être épuisée. Assurément, il ne saurait ici s'agir d'une infinité comme on le dit, ce qui n'a réellement aucun sens ; mais il n'en est pas moins vrai qu'il y a lieu de considérer, dans tout intervalle, une indéfinité véritable de positions du mobile, indéfinité qui ne peut en effet être épuisée de cette façon analytique consistant à les occuper distinctement une à une, comme on prendrait un à un les termes d'une série discontinue. Seulement, c'est cette conception même du mouvement qui est erronée, car elle revient en somme à regarder le continu comme composé de points, ou de derniers éléments indivisibles, de même que dans la conception des corps comme composés d'atomes ; et cela revient à dire qu'en réalité il n'y a pas de continu, car, qu'il s'agisse de points ou d'atomes, ces derniers éléments ne peuvent être que discontinus ; il est d'ailleurs vrai que, sans continuité, il n'y aurait pas de mouvement possible, et c'est là tout ce que cet argument prouve effectivement. Il en est de même de l'argument de la flèche qui vole et qui cependant est immobile, parce que, à chaque instant, on ne la voit que dans une seule position, ce qui revient à supposer que chaque position, en elle-même, peut être regardée comme fixe et déterminée, et qu'ainsi les positions successives forment une sorte de série discontinue. Il faut d'ailleurs remarquer qu'il n'est pas vrai, en fait, qu'un mobile soit jamais vu ainsi comme s'il occupait une position fixe, et que même, tout au contraire, quand le mouvement est assez rapide, on en arrive à ne plus voir distinctement le mobile lui-même, mais seulement une sorte de trace de son déplacement continu : ainsi, par exemple, si l'on fait tournoyer rapidement un tison enflammé, on ne voit plus la forme de ce tison, mais seulement un cercle de feu ; que d'ailleurs on explique ce fait par la persistance des impressions rétiniennes, comme le font les physiologistes, ou de toute autre façon qu'on voudra, cela importe peu, car il n'en est pas moins manifeste que, dans de semblables cas, on saisit en quelque sorte directement et d'une façon sensible la continuité même du mouvement. Au surplus, quand, en formulant un tel argument, on dit « à chaque instant », on suppose par là que le temps est formé d'une série d'instants indivisibles, à chacun desquels correspondrait une position déterminée du mobile ; mais, en réalité, le continu temporel n'est pas plus composé d'instants que le continu spatial n'est composé de points, et, comme nous l'avons déjà indiqué, il faut la réunion ou plutôt la combinaison de ces deux continuités du temps et de l'espace pour rendre compte de la possibilité du mouvement.

On dira encore que, pour parcourir une certaine distance, il faut parcourir d'abord la moitié de cette distance, puis la moitié de l'autre moitié, puis la moitié de ce qui reste, et ainsi de suite indéfiniment[139], de sorte qu'on se trouvera toujours en présence d'une indéfinité qui, envisagée ainsi, sera en effet inépuisable. Un autre argument à peu près équivalent est celui-ci : si l'on suppose deux mobiles séparés par une certaine distance, l'un d'eux, bien qu'allant plus vite que l'autre, ne pourra jamais le rejoindre, car, quand il arrivera au point où celui-ci se trouvait, l'autre sera dans une seconde position, séparée de la première par une distance moindre que

---

[139] Ceci correspond aux termes successifs de la série indéfinie $\frac{1}{1} + \frac{1}{2} + \frac{1}{4} + \frac{1}{8} + \cdots = 2$ donnée en exemple par Leibnitz dans un passage que nous avons cité plus haut.

la distance initiale ; quand il arrivera à cette seconde position, l'autre sera dans une troisième, séparée de la seconde par une distance encore moindre, et ainsi de suite indéfiniment, si bien que la distance entre ces deux mobiles, quoique décroissant toujours, ne deviendra jamais nulle. Le défaut essentiel de ces arguments, aussi bien que du précédent, consiste en ce qu'ils supposent que, pour atteindre un certain terme, tous les degrés intermédiaires doivent être parcourus distinctement et successivement. Or il arrive de deux choses l'une : ou le mouvement considéré est véritablement continu, et alors il ne peut pas être décomposé de cette façon, puisque le continu n'a pas de derniers éléments ; ou il se compose d'une succession discontinue, ou pouvant tout au moins être considérée comme telle, d'intervalles dont chacun a une grandeur déterminée, comme les pas d'un homme en marche[140], et alors la considération de ces intervalles supprime évidemment celle de toutes les positions intermédiaires possibles, qui n'ont pas à être parcourues effectivement comme autant d'étapes distinctes. En outre, dans le premier cas, qui est proprement celui d'une variation continue, le terme de cette variation, supposé fixe par définition, ne peut pas être atteint dans la variation elle-même, et le fait de l'atteindre effectivement exige l'introduction d'une hétérogénéité qualitative, qui constitue cette fois une véritable

---

[140] En réalité, les mouvements dont se compose la marche sont bien continus comme tout autre mouvement, mais les points où l'homme touche le sol forment une suite discontinue, de sorte que chaque pas marque un intervalle déterminé, et qu'ainsi la distance parcourue peut être décomposée en de tels intervalles, le sol n'étant d'ailleurs touché en aucun point intermédiaire.

discontinuité, et qui se traduit ici par le passage de l'état de mouvement à l'état de repos ; ceci nous ramène à la question du « passage à la limite », dont nous devons encore achever de préciser la véritable notion.

Chapitre XXIV

VÉRITABLE CONCEPTION DU PASSAGE À LA LIMITE

La considération du « passage à la limite », avons-nous dit plus haut, est nécessaire, sinon aux applications pratiques de la méthode infinitésimale, du moins à sa justification théorique, et cette justification est précisément la seule chose qui nous importe ici, car de simples règles pratiques de calcul, réussissant d'une façon en quelque sorte « empirique » et sans qu'on sache trop pour quelle raison, sont évidemment sans aucun intérêt à notre point de vue. Sans doute, on n'a pas besoin en fait, pour effectuer les calculs et même pour les conduire jusqu'au bout, de se poser la question de savoir si la variable atteint sa limite et comment elle peut l'atteindre ; mais pourtant, si elle ne l'atteint pas, ces calculs n'auront jamais que la valeur de simples calculs d'approximation. Il est vrai qu'il s'agit ici d'une approximation indéfinie, puisque la nature même des quantités infinitésimales permet de rendre l'erreur aussi petite qu'on le veut, sans toutefois qu'il soit possible pour cela de la supprimer entièrement, puisque ces mêmes quantités infinitésimales, dans leur décroissance indéfinie, ne deviennent jamais nulles. On dira peut-être que c'est là, pratiquement, l'équivalent d'un calcul parfaitement rigoureux ; mais, outre que ce n'est pas de cela qu'il s'agit pour nous, cette approximation indéfinie elle-même peut-elle garder un sens si, dans les résultats auxquels on doit aboutir, on n'a plus à envisager des variables, mais bien uniquement des quantités fixes et déterminées ? Dans ces conditions, on ne peut pas, au point de vue des résultats, sortir de cette alternative : ou la limite n'est pas atteinte, et alors le calcul infinitésimal n'est que la moins grossière des méthodes d'approximation ; ou la limite est atteinte, et alors on a affaire à une méthode qui est vraiment rigoureuse. Mais nous avons vu que la limite, en raison de sa définition même, ne peut jamais être atteinte exactement par la variable ; comment donc aurons-nous le droit de dire qu'elle peut cependant être atteinte ? Elle peut l'être précisément, non pas dans le cours du calcul, mais dans les résultats, parce que, dans ceux-ci, il ne doit figurer que des quantités fixes et déterminées, comme la limite elle-même, et non plus des variables ; c'est donc bien la distinction des quantités variables et des quantités fixes, distinction d'ailleurs proprement qualitative, qui est, comme nous l'avons déjà dit, la seule véritable justification de la rigueur du calcul infinitésimal.

Ainsi, nous le répétons encore, la limite ne peut pas être atteinte dans la variation et comme terme de celle-ci ; elle n'est pas la dernière des valeurs que doit prendre la variable, et la conception d'une variation continue aboutissant à une « dernière valeur » ou à un « dernier état » serait aussi incompréhensible et contradictoire que celle d'une série indéfinie aboutissant à un « dernier terme », ou que celle de la division d'un ensemble continu aboutissant à des « derniers éléments ». La limite n'appartient donc pas à la série des valeurs successives de la variable ; elle est en dehors de cette série, et c'est pourquoi nous avons dit que le « passage à la limite » implique essentiellement une discontinuité. S'il en était autrement, nous serions en présence d'une indéfinité qui pourrait être épuisée analytiquement, et c'est ce qui ne peut pas avoir lieu ; mais c'est ici que la distinction que nous avons établie à cet égard prend toute son importance, car nous nous trouvons dans un des cas où il s'agit d'atteindre, suivant l'expression que nous avons déjà employée, les limites d'une certaine indéfinité ; ce n'est donc pas sans raison que le même mot de « limite » se retrouve, avec une autre acception plus spéciale, dans le cas particulier que nous envisageons maintenant. La limite d'une variable doit véritablement limiter, au sens général de ce mot, l'indéfinité des états ou des modifications possibles que comporte la définition de cette variable ; et c'est justement pour cela qu'il faut nécessairement qu'elle se trouve en dehors de ce qu'elle doit limiter ainsi. Il ne saurait être aucunement question d'épuiser cette indéfinité par le cours même de la variation qui la constitue ; ce dont il s'agit en réalité, c'est de passer au-delà du domaine de cette variation, dans lequel la limite ne se trouve pas comprise, et c'est ce résultat qui est obtenu, non pas analytiquement et par degrés, mais synthétiquement et d'un seul coup, d'une façon en quelque sorte « soudaine » par laquelle se traduit la discontinuité qui se produit alors, par le passage des quantités variables aux quantités fixes[141].

La limite appartient essentiellement au domaine des quantités fixes : c'est pourquoi le « passage à la limite » exige logiquement la considération simultanée, dans la quantité, de deux modalités différentes, en quelque sorte superposées ; il n'est pas autre chose alors que le passage à la modalité supérieure, dans laquelle est pleinement réalisé ce qui, dans la modalité inférieure, n'existe qu'à l'état de simple tendance, et c'est là, pour employer la terminologie aristotélicienne, un véritable passage de la puissance à l'acte, ce qui n'a assurément rien de commun avec la simple « compensation d'erreurs » qu'envisageait Carnot. La notion mathématique de la limite implique, par sa définition même, un caractère de stabilité et d'équilibre, caractère qui est celui de quelque chose de permanent et de définitif, et qui ne peut évidemment être réalisé par les quantités en tant qu'on les considère, dans la modalité inférieure, comme essentiellement variables ; il ne peut donc jamais être atteint graduellement, mais il l'est immédiatement par le passage d'une modalité à l'autre, qui permet seul de supprimer tous les stades intermédiaires, parce qu'il comprend et enveloppe synthétiquement toute leur indéfinité, et par lequel ce qui n'était et ne pouvait être qu'une tendance dans les variables s'affirme et se fixe en un résultat

---

[141] On pourra, à propos de ce caractère « soudain » ou « instantané », se rappeler ici, à titre de comparaison avec l'ordre des phénomènes naturels, l'exemple de la rupture d'une corde que nous avons donné plus haut : cette rupture est aussi la limite de la tension, mais elle n'est aucunement assimilable à une tension à quelque degré que ce soit.

réel et défini. Autrement, le « passage à la limite » serait toujours un illogisme pur et simple, car il est évident que, tant qu'on reste dans le domaine des variables, on ne peut obtenir cette fixité qui est le propre de la limite, où les quantités qui étaient considérées précédemment comme variables ont précisément perdu ce caractère transitoire et contingent. L'état des quantités variables est, en effet, un état éminemment transitoire et en quelque sorte imparfait, puisqu'il n'est que l'expression d'un « devenir », dont nous avons également trouvé l'idée au fond de la notion de l'indéfinité elle-même, qui est d'ailleurs étroitement liée à cet état de variation. Aussi le calcul ne peut-il être parfait, au sens de vraiment achevé, que lorsqu'il est parvenu à des résultats dans lesquels il n'entre plus rien de variable ni d'indéfini, mais seulement des quantités fixes et définies ; et nous avons déjà vu comment cela même est susceptible de s'appliquer, par transposition analogique, au-delà de l'ordre quantitatif, qui n'a plus alors qu'une valeur de symbole, et jusque dans ce qui concerne directement la « réalisation » métaphysique de l'être.

Conclusion

Il n'est pas besoin d'insister sur l'importance que les considérations que nous avons exposées au cours de cette étude présentent au point de vue proprement mathématique, en ce qu'elles apportent la solution de toutes les difficultés qui ont été soulevées à propos de la méthode infinitésimale, soit en ce qui concerne sa véritable signification, soit en ce qui concerne sa rigueur. La condition nécessaire et suffisante pour que cette solution puisse être donnée n'est rien d'autre que la stricte application des véritables principes ; mais ce sont justement les principes que les mathématiciens modernes, tout autant que les autres savants profanes, ignorent entièrement, et cette ignorance est, au fond, la seule raison de tant de discussions qui, dans ces conditions, peuvent se poursuivre indéfiniment sans jamais aboutir à aucune conclusion valable, et en ne faisant au contraire qu'embrouiller davantage les questions et multiplier les confusions, comme la querelle des « finitistes » et des « infinitistes » ne le montre que trop ; il eût été pourtant bien facile d'y couper court si l'on avait su poser nettement, avant tout, la vraie notion de l'Infini métaphysique et la distinction fondamentale de l'Infini et de l'indéfini. Leibnitz lui-même, s'il a eu du moins le mérite d'aborder franchement certaines questions, ce que n'ont même pas fait ceux qui sont venus après lui, n'a trop souvent dit à ce sujet que des choses fort peu métaphysiques, et parfois même presque aussi nettement antimétaphysiques que les spéculations ordinaires de la généralité des philosophes modernes ; c'est donc déjà le même défaut de principes qui l'a empêché de répondre à ses contradicteurs d'une façon satisfaisante et en quelque sorte définitive, et qui a par là ouvert la porte à toutes les discussions ultérieures. Sans doute, on peut dire avec Carnot que, « si Leibnitz s'est trompé, ce serait uniquement en formant des doutes sur l'exactitude de sa propre analyse, si tant est qu'il eût réellement ces doutes »[142] ; mais, même s'il ne les avait pas au fond, il ne pouvait en tout cas démontrer rigoureusement cette exactitude, parce que sa conception de la continuité, qui n'est assurément ni métaphysique ni même logique, l'empêchait de faire les distinctions nécessaires à cet égard et, par suite, de formuler la notion précise de la limite, qui est, comme nous l'avons montré, d'une importance capitale pour le fondement de la méthode infinitésimale.

On voit donc par tout cela de quel intérêt la considération des principes peut être, même pour une science spéciale envisagée en elle-même, et sans qu'on se propose d'aller, en s'appuyant sur cette science, plus loin que le domaine relatif et contingent auquel elle s'applique d'une façon immédiate ; c'est là, bien entendu, ce que méconnaissent totalement les modernes, qui se vantent volontiers d'avoir, par leur conception profane de la science, rendu celle-ci indépendante

---

[142] *Réflexions sur la Métaphysique du Calcul infinitésimal*, p. 33.

de la métaphysique, voire même de la théologie[143], alors que la vérité est qu'ils n'ont fait par là que la priver de toute valeur réelle en tant que connaissance. Au surplus, si l'on comprenait la nécessité de rattacher la science aux principes, il va de soi qu'il n'y aurait dès lors aucune raison de s'en tenir là, et qu'on serait tout naturellement ramené à la conception traditionnelle suivant laquelle une science particulière, quelle qu'elle soit, vaut moins par ce qu'elle est en elle-même que par la possibilité de s'en servir comme d'un « support » pour s'élever à une connaissance d'ordre supérieur[144]. Nous avons voulu précisément donner ici, par un exemple caractéristique, une idée de ce qu'il serait possible de faire, dans certains cas tout au moins, pour restituer à une science, mutilée et déformée par les conceptions profanes, sa valeur et sa portée réelles, à la fois au point de vue de la connaissance relative qu'elle représente directement et à celui de la connaissance supérieure à laquelle elle est susceptible de conduire par transposition analogique ; on a pu voir notamment ce qu'il est possible de tirer, sous ce dernier rapport, de notions comme celles de l'intégration et du « passage à la limite ». Il faut d'ailleurs dire que les mathématiques, plus que toute autre science, fournissent ainsi un symbolisme tout

---

[143] Nous nous souvenons d'avoir vu quelque part un « scientiste » contemporain s'indigner qu'on ait pu par exemple, au moyen âge, trouver moyen de parler de la Trinité à propos de la géométrie du triangle ; il ne se doutait d'ailleurs probablement pas qu'il en est encore actuellement ainsi dans le symbolisme du Compagnonnage.

[144] Voir par exemple à ce sujet, sur l'aspect ésotérique et initiatique des « arts libéraux » au moyen âge, *L'Ésotérisme de Dante*, pp. 10-15.

particulièrement apte à l'expression des vérités métaphysiques, dans la mesure où celles-ci sont exprimables, ainsi que peuvent s'en rendre compte ceux qui ont lu quelques-uns de nos précédents ouvrages ; c'est pourquoi ce symbolisme mathématique est d'un usage si fréquent, soit au point de vue traditionnel en général, soit au point de vue initiatique en particulier[145]. Seulement, il est bien entendu que, pour qu'il puisse en être ainsi, il faut avant tout que ces sciences soient débarrassées des erreurs et des confusions multiples qui y ont été introduites par les vues faussées des modernes, et nous serions heureux si le présent travail pouvait tout au moins contribuer en quelque façon à ce résultat.

---

[145] Sur les raisons de cette valeur toute spéciale qu'a à cet égard le symbolisme mathématique, tant numérique que géométrique, on pourra voir notamment les explications que nous avons données dans *Le Règne de la Quantité et les Signes des Temps*.

OUVRAGES DE RENÉ GUÉNON

Omnia Veritas Ltd présente :
RENÉ GUÉNON
APERÇUS SUR L'ÉSOTÉRISME CHRÉTIEN

« Ce changement qui fit du Christianisme une religion au sens propre du mot et une forme traditionnelle... »

Les vérités d'ordre ésotérique, étaient hors de la portée du plus grand nombre...

Omnia Veritas Ltd présente :
RENÉ GUÉNON
L'ERREUR SPIRITE

« Il y a, à notre époque, bien des « contrevérités », qu'il est bon de combattre... »

Parmi toutes les doctrines « néo-spiritualistes », le spiritisme est certainement la plus répandue

Omnia Veritas Ltd présente :
RENÉ GUÉNON
APERÇUS SUR L'INITIATION

« Nous nous étendons souvent sur les erreurs et les confusions qui sont commises au sujet de l'initiation... »

On se rend compte du degré de dégénérescence auquel en est arrivé l'Occident moderne...

« Dans l'Islamisme, la tradition est d'essence double, religieuse et métaphysique »

On les compare souvent à l'« écorce » et au « noyau » (el-qishr wa el-lobb)

OMNIA VERITAS LTD PRÉSENTE :
RENÉ GUÉNON
ÉTUDES SUR L'HINDOUISME

« En considérant la contemplation et l'action comme complémentaires, on se place à un point de vue déjà plus profond et plus vrai »

... la double activité, intérieure et extérieure, d'un seul et même être

Omnia Veritas Ltd présente :
RENÉ GUÉNON
INITIATION ET RÉALISATION SPIRITUELLE

« Sottise et ignorance peuvent en somme être réunies sous le nom commun d'incompréhension »

Le peuple est comme un « réservoir » d'où tout peut être tiré, le meilleur comme le pire

OMNIA VERITAS LTD PRÉSENTE :

RENÉ GUÉNON

INTRODUCTION GÉNÉRALE À L'ÉTUDE DES DOCTRINES HINDOUES

« Bien des difficultés s'opposent, en Occident, à une étude sérieuse et approfondie des doctrines hindoues »

... ce dernier élément qu'aucune érudition ne permettra jamais de pénétrer

OMNIA VERITAS LTD PRÉSENTE :

RENÉ GUÉNON

LE RÈGNE DE LA QUANTITÉ ET LES SIGNES DES TEMPS

« Car tout ce qui existe en quelque façon que ce soit, même l'erreur, a nécessairement sa raison d'être »

... et le désordre lui-même doit finalement trouver sa place parmi les éléments de l'ordre universel

OMNIA VERITAS LTD PRÉSENTE :

RENÉ GUÉNON

LE ROI DU MONDE

« Un principe, l'Intelligence cosmique qui réfléchit la Lumière spirituelle pure et formule la Loi »

Le Législateur primordial et universel

« Notre but, disait alors Mme Blavatsky, n'est pas de restaurer l'Hindouïsme, mais de balayer le Christianisme de la surface de la terre »

Le vocable de théosophie servait de dénomination commune à des doctrines assez diverses

Omnia Veritas Ltd présente :

RENÉ GUÉNON
ORIENT & OCCIDENT

«La civilisation occidentale moderne apparaît dans l'histoire comme une véritable anomalie...»

... cette civilisation est la seule qui se soit développée dans un sens purement matériel

OMNIA VERITAS LTD PRÉSENTE :

RENÉ GUÉNON
SYMBOLES DE LA SCIENCE SACRÉE

« Ce développement matériel a été accompagné d'une régression intellectuelle qu'il est fort incapable de compenser »

Qu'importe la vérité dans un monde dont les aspirations sont uniquement matérielles et sentimentales

Omnia Veritas Ltd présente :

RENÉ GUÉNON

ÉTUDES SUR LA FRANC-MAÇONNERIE ET LE COMPAGNONNAGE

«Parmi les symboles usités au moyen âge, outre ceux dont les Maçons modernes ont conservé le souvenir tout en n'en comprenant plus guère la signification, il y en a bien d'autres dont ils n'ont pas la moindre idée.»

la distinction entre « Maçonnerie opérative » et « Maçonnerie spéculative »

Omnia Veritas Ltd présente :

RENÉ GUÉNON

LA GRANDE TRIADE

«On veut trouver dans tout ternaire traditionnel, quel qu'il soit, un équivalent plus ou moins exact de la Trinité chrétienne»

Il s'agit bien évidemment d'un ensemble de trois aspects divins

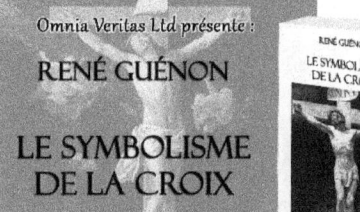

Omnia Veritas Ltd présente :

RENÉ GUÉNON

LE SYMBOLISME DE LA CROIX

«La considération d'un être sous son aspect individuel est nécessairement insuffisante»

... puisque qui dit métaphysique dit universel

Omnia Veritas Ltd présente :

RENÉ GUÉNON
Autorité spirituelle et pouvoir temporel

« la distinction des castes constitue, dans l'espèce humaine, une véritable classification naturelle à laquelle doit correspondre la répartition des fonctions sociales »

L'égalité n'existe nulle part en réalité

Omnia Veritas Ltd présente :

RENÉ GUÉNON
LA CRISE DU MONDE MODERNE

«Il semble d'ailleurs que nous approchions du dénouement, et c'est ce qui rend plus sensible aujourd'hui que jamais le caractère anormal de cet état de choses qui dure depuis quelques siècles»

Une transformation plus ou moins profonde est imminente

Omnia Veritas Ltd présente :

RENÉ GUÉNON
Articles & Comptes-rendus non repris

«... on voit une barque portée par le poisson, image du Christ soutenant son Église » ; or on sait que l'Arche a souvent été regardée comme une figure de l'Église... »

Le Vêda, qu'il faut entendre comme la Connaissance sacrée dans son intégralité

« ... ce terme de « réincarnation » ne s'est introduit dans les traductions de textes orientaux que depuis qu'il a été répandu par le spiritisme et le théosophisme... »

... la « réincarnation » a été imaginée par les Occidentaux modernes...

« On tient d'autant plus à ne voir que de l'« humain » dans les doctrines hindoues que cela faciliterait grandement les entreprises « annexionnistes » dont nous avons déjà parlé »

Il s'agit en fait de deux traditions, qui comme telles sont d'essence également surnaturelle

« ... l'état suprême n'est pas quelque chose à obtenir par une « effectuation » quelconque ; il s'agit uniquement de prendre conscience de ce qui est. »

... l'éloignement du Principe, nécessairement inhérent à tout processus de manifestation

OMNIA VERITAS LTD PRÉSENTE :

RENÉ GUÉNON

CORRESPONDANCE II

« ... Vous me demandez s'il y a quelque chose de changé depuis la publication de mes ouvrages ; certaines portes, du côté occidental, se sont fermées d'une façon définitive »

Quant à l'Islam politique, mieux vaut n'en pas parler, car ce n'est plus qu'un souvenir historique

 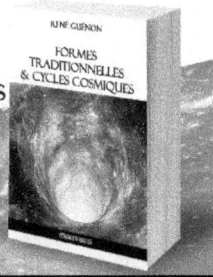

OMNIA VERITAS LTD PRÉSENTE :

RENÉ GUÉNON

FORMES TRADITIONNELLES & CYCLES COSMIQUES

« Les articles réunis dans le présent recueil représentent l'aspect le plus original de l'œuvre de René Guénon »

Fragments d'une histoire inconnue

OMNIA VERITAS LTD PRÉSENTE :

RENÉ GUÉNON

Écrits sous la signature de T PALINGÉNIUS

« ... Il est un certain nombre de problèmes qui ont constamment préoccupé les hommes, mais il n'en est peut-être pas qui ait semblé généralement plus difficile à résoudre que celui de l'origine du Mal... »

Comment donc Dieu, s'il est parfait, a-t-il pu créer des êtres imparfaits ?

www.ingramcontent.com/pod-product-compliance
Lightning Source LLC
Chambersburg PA
CBHW071417160426
43195CB00013B/1718